前言

在人類文明史上，世界有四大文明古國：非洲尼羅河流域的埃及、西亞兩河流域的巴比倫、南亞印度河流域的印度，東亞黄河流域的中國，在先後都創造了各自特色的文化同時，還有一個既共通又不同的文化現象，就是印章文化。

印章在我國衆多傳統文化中，是一枝古老而獨特的艷麗花朵。它在漫長的歷史發展、變化進程中，從未斷層，一直緊密地與政治、經濟、軍事、宗教、教育、藝術等相結合，并在各個改朝换代的歷史階段，發揮着特有的歷史性作用，并衍生出諸多如封泥、瓦當等有關聯的新興文化。其他三個古國的印章文化，早在其歷史的長河中逐漸衰落，隨其國家的演變階段而消亡。印度至今雖遺留下數以千計的印章實物，但都不能釋讀。中國印章早已由舊的内容與形式轉爲新的篆刻藝術，跨着輝煌的步伐，長盛不衰，進入一個又一個新的世紀。

中國印章是以古漢字爲載體，它幾乎與圖形文字同步發展而來。據最新考古發掘報告揭示，距今八千年前，中國就有了文字的萌芽。有的古文字專家還認爲，文字其實在萬年前就面世。今天，我們可以這樣説，中國的文明史，應走在其他文明古國的前面。世界文明史順序，該由二十一世紀的年輕中國人去更正，去重寫。

以漢字爲基礎的中國印章，其歷史不但久遠，且因朝代、地域等不同，稱謂與内容亦有所變化。秦漢前稱璽或印。《説文》：『璽，王者印也。所以主土。從土，爾聲（王者的印信，是用來主管國土的憑證，故從土，爾聲），璽籀文從玉』。《説文》：『印，執政所持信也，從爪，從卩。』《段注》：『凡有官守者，皆曰執政，其所持之卩信曰印。』（像以手抑人使人跪跽）古上下通璽璽印内容主要有官璽和私璽（即官印、私印）二大類。官印是政治權力物化的産物，私印與社會群體和個體相關聯，是其所持有的一種身證信物。

秦時皇帝用玉制印稱璽，其他職官衹能稱印。任官授印，辭或免官須繳印。丟失璽印要治罪，丟失後找到了，也不能免罪。官印有專職官員管理，有種種立法規定，制度極爲嚴格。

漢承秦制，印面多爲陰文，且文字多爲刻凿。書體雖屬小篆，但仍略有古文成份。漢官印風格渾厚天成，充實平穩，方中寓圓，剛柔相濟，粗細勻稱，自由樸素，疏密得當，變化多彩，筆畫增減適宜，字與字間安排恰到好處。對後世的創新變化有很大的啓示。是中國印學發展史上一個極爲重要的時代。印章制度在繼承秦制的基礎上日臻完善和規範化，其篆刻藝術達到新的高峰。後學者比之唐詩、宋詞、晋字。

私印流傳最廣，字體與官印近似，内容以姓氏、名字祖籍爲主，與社會關系最爲密切，其發展最持久和穩定。與官印一樣，有糾正歷史漏失的作用。

中國印章文化在近現代，特别在二十世紀五十年代前後，與每一個中國人的關系更親近密切，真可以説生死與共，難捨難弃。任何一個人從出生起，到上學、畢業、就業、結婚、甚至死亡，都離不開與印章的關係。自二十世紀八十年代起，中國印章與西方的簽字并駕齊驅，携手進入信息時代。篆刻藝術注入了新興的活力外，傳統的印章在新的形勢衝擊下，顯得有些力薄勢單，經受新的考驗，人們特别關注着它的走向。

本書遴選一些漢官印精品、珍品（摹本）讓人們重温中國印章文化的光輝魅力，感慰祖國傳統文化的博大。

編者學識淺薄，有不當處，敬希讀者指正。

胡琦峻　二〇一一年九月

凡例

● 本書爲普及中國印文化常識，爲篆刻愛好者，特别爲學習、研究收藏漢官印的學者，提供參考資料。

● 本書資料主要采自《西京職官印録》與其他古印譜所刊較佳的官印拓本，收印五六三方，不加修飾、放大便于利用。

● 本書順序排列，基本參照歷代職官傳統編排歸類。每印人物内容據《史記》、《漢書》及有關資料簡介。

● 每印古、今字，或疑難字，依據字形隸定。假借字注明，不做演化説明。

● 本書所録之印，個别遺存，年代久遠，有關人物姓氏、地理變遷等資料有疑問者，按傳統習慣待闕，不强求全。

● 本書爲方便讀者簡化使用，書前祇建印名索引，不做分類詳目，讀者可依頁碼查找各印即可。

● 本書印文字特殊，爲適應海内外讀者需求，仍保留繁體漢字出版，請諒解。

索引

信武侯印 一五

蒯成侯印 一六

北平侯印章 一七

汾陰侯印 一八

江邑侯印 一九

廣阿侯印 二〇

故安侯印 二一

建信侯印 二二

宜陵侯印 二三

牧丘侯印 二四

建陵侯印 二五

塞侯印 二六

魏其侯印 二七

武安侯印 二八

平陵侯印 二九

長平侯印 三〇

冠軍侯印 三一

合騎侯印 三二

漢代官印選

營平侯印　五一

義陽侯印　五二

長羅侯印　五三

安遠侯印　五四

義成侯印　五五

西平侯之章　五六

長平侯印　五七

扶陽侯之章　五八

高平侯印　五九

博陽侯印　六〇

樂安侯印　六一

安昌侯印　六二

博山侯印　六三

扶德侯印　六四

樂昌侯印　六五

武陽侯印章　六六

高武侯印　六七

高陽侯之章　六八

漢代官印選

漢代官印選

漢代官印選

印	印文	編號
	將屯將軍	一〇五
	驃騎將軍	一〇六
	護軍將軍印章	一〇七
	驍騎將軍	一〇八
	輕車將軍章	一〇九
	材官將軍章	一一〇
	騎將軍印章	一一一
	游擊將軍	一一二
	強弩將軍章	一一三
	中將軍章	一一四
	左將軍章	一一五
	後將軍印	一一六
	前將軍印章	一一七
	右將軍印	一一八
	伏波將軍章	一一九
	樓船將軍章	一二〇
	禽適將军章	一二一
	橫海將軍	一二二

貳師將軍章 一二三

因杅將軍章 一二四

度遼將軍 一二五

祈連將軍 一二六

蒲類將軍 一二七

虎牙將軍 一二八

破羌將軍章 一二九

奮武將軍章 一三〇

建威將軍印章 一三一

浮沮將軍 一三二

拔胡將軍章 一三三

匈河將軍 一三四

上郡將軍章 一三五

北地將軍 一三六

隴西將軍 一三七

浚稽將軍之印 一三八

戈船將軍 一三九

翼漢將軍章 一四〇

漢代官印選

下瀨將軍　一四一

步兵將軍印章　一四二

大將軍長史印　一四三

大將軍軍司馬　一四四

大將軍軍武庫令　一四五

軍正丞印　一四六

驃騎將軍司馬　一四七

右將軍長史印　一四八

車騎將軍軍市令　一四九

軍中司馬　一五〇

營軍司馬　一五一

軍假候丞　一五二

車騎將軍長史　一五三

假司馬印　一五四

奉常之章　一五五

太常印章　一五六

太常丞　一五七

太常掌故　一五八

太常博士 一五九

太史令印 一六〇

渭陵食官令印 一六一

渭陵寢中郎印 一六二

高寢令印 一六三

高寢郎印 一六四

協律都尉 一六五

郎中令印 一六六

光祿勳印 一六七

右將軍光祿勳 一六八

車騎將軍光祿勳之印 一六九

散騎光祿勳章 一七〇

太中大夫印章 一七一

侍中太中大夫 一七二

右曹太中大夫印 一七三

太中大夫給事中 一七四

左曹太中大夫 一七五

中大夫印 一七六

光祿大夫印　一七七

光祿大夫給事中　一七八

侍中光祿大夫　一七九

騎都尉奉車光祿大夫　一八〇

散騎騎都尉光祿大夫　一八一

左曹中郎將光祿大夫　一八二

諫大夫印　一八三

諫大夫給事中　一八四

散騎諫大夫　一八五

散騎諫大夫給事中印　一八六

中郎諫大夫　一八七

郎中諫大夫印　一八八

中郎將　一八九

五官中郎將印　一九〇

侍中中郎　一九一

侍中中郎將印　一九二

左曹中郎將印　一九三

右曹中郎將　一九四

漢代官印選

	散騎中郎將章	一九五
	匈奴中郎將印	一九六
	郎中令副中郎將印章	一九七
	郎中戶將	一九八
	郎中右曹	一九九
	騎郎將印	二〇〇
	騎郎	二〇一
	右騎將印	二〇二
	右曹侍郎	二〇三
	謁者之章	二〇四
	謁者僕射	二〇五
	中謁者令	二〇六
	中謁者丞	二〇七
	內謁者令	二〇八
	期門郎印	二〇九
	諸吏中郎將羽林監印	二一〇
	尚書僕射	二一一
	侍中僕射	二一二

漢代官印選

 中太僕印 二三一

 未央廄令 二三二

 大廄丞印 二三三

 廷尉之印 二三四

 大理印章 二三五

 廷尉正印 二三六

 廷尉監印 二三七

 廷尉平印 二三八

 廷尉史印 二三九

 大理正印 二四〇

 軍司空印 二四一

 典客之印 二四二

 大鴻臚印 二四三

 大行令印 二四四

 大行丞印 二四五

 大行治禮丞 二四六

 宗正之印 二四七

 宗伯印章 二四八

漢代官印選

都司空印 二四九

宗正丞印 二五〇

散騎宗正給事中印 二五一

治粟內史章 二五二

大農令印 二五三

大司農 二五四

大司農中丞印 二五五

騪粟都尉 二五六

稻田使者 二五七

大司農丞 二五八

都內令印 二五九

治粟都尉 二六〇

少府之章 二六一

少府監印 二六二

中少府印 二六三

尚書令印 二六四

符節令印 二六五

尚符璽郎 二六六

漢代官印選

印	印名	頁
	大官丞印	二六七
	大官獻食丞印	二六八
	若盧右丞	二六九
	東織室令史印	二七〇
	平樂監印	二七一
	中書謁者令印	二七二
	中書謁者僕射	二七三
	中書令印	二七四
	黃門郎給事中	二七五
	黃門侍郎	二七六
	中御府令	二七七
	掖庭令印	二七八
	少府海丞	二七九
	少府果丞	二八〇
	中尉印章	二八一
	執金吾章	二八二
	京輔都尉	二八三
	左輔都尉章	二八四

漢代官印選

印	印文	編號
	右輔都尉	二八五
	武庫令印	二八六
	中司馬	二八七
	太子太傅章	二八八
	太子少傅	二八九
	太子門大夫	二九〇
	太子中庶子印	二九一
	太子庶子	二九二
	左庶長印	二九三
	太子洗馬	二九四
	太子舍人	二九五
	將作大匠	二九六
	太子詹事印章	二九七
	太子家令	二九八
	長信少府	二九九
	大長秋印章	三〇〇
	典屬國印	三〇一
	右曹典屬國章	三〇二

漢代官印選

潁川太守章 三七五

河南太守章 三七六

酒泉太守章 三七七

雲中太守章 三七八

東郡太守 三七九

魏郡太守章 三八〇

陳留太守章 三八一

汝南太守章 三八二

廣漢太守章 三八三

南陽太守章 三八四

沛郡太守章 三八五

河東守印章 三八六

涿郡太守章 三八七

五原太守章 三八八

漢中太守章 三八九

常山守印章 三九〇

東海太守章 三九一

濟南太守章 三九二

三九三		臨淮太守章
三九四		北地太守章
三九五		上郡太守章
三九六		代郡太守章
三九七		上谷太守章
三九八		右北平太守印章
三九九		遼西太守章
四〇〇		漁陽太守章
四〇一		西河太守章
四〇二		山陽太守章
四〇三		巨鹿太守章
四〇四		上黨太守章
四〇五		豫章太守章
四〇六		會稽太守章
四〇七		廣陵太守章
四〇八		北海太守章
四〇九		太原太守章
四一〇		泰山太守章

九江太守之印　四一一

蜀郡守之章　四一二

武威太守章　四一三

玄菟太守章　四一四

弘農太守章　四一五

金城太守章　四一六

敦煌太守章　四一七

張掖太守章　四一八

南郡太守章　四一九

遼東太守章　四二〇

渤海太守章　四二一

平原太守章　四二二

江夏太守章　四二三

定襄太守章　四二四

琅邪太守章　四二五

犍爲太守章　四二六

清河太守章　四二七

廬江太守印章　四二八

巴郡太守章 四二九

齊郡太守章 四三〇

荊州太守章 四三一

淄川太守章 四三二

零陵太守章 四三三

天水太守章 四三四

丹陽太守章 四三五

千乘太守章 四三六

朔方太守 四三七

信都太守章 四三八

牂柯太守章 四三九

越巂太守章 四四〇

中山太守章 四四一

金城司馬 四四二

天水司馬章 四四三

金城長史 四四四

廬江長史 四四五

河南太守丞 四四六

河南均輸長　四四七

敦煌漁澤障侯　四四八

上郡庫令　四四九

安定太守之印　四五〇

京兆都尉章　四五一

河南都尉章　四五二

河內都尉　四五三

弘農都尉　四五四

河東都尉　四五五

淮陽都尉章　四五六

廣平都尉之印　四五七

濟南都尉　四五八

隴西都尉　四五九

東海都尉章　四六〇

北地都尉章　四六一

汝南都尉　四六二

潁川都尉章　四六三

上谷都尉印章　四六四

漢代官印選

東郡都尉章 四六五

上黨都尉章 四六六

大河都尉 四六七

泰山都尉 四六八

太原都尉 四六九

清河都尉章 四七〇

南陽都尉之印 四七一

豫章都尉 四七二

九江都尉章 四七三

沛郡都尉 四七四

雁門都尉 四七五

代郡都尉章 四七六

遼東東郡都尉 四七七

樂浪都尉丞 四七八

函谷關都尉印 四七九

上河農都尉印 四八〇

護曹都尉 四八一

西河屬國都尉 四八二

漢代官印選

五原屬國都尉 四八三

天水屬國都尉印 四八四

安定屬國都尉 四八五

鄭令之印 四八六

钜野令印 四八七

渭城邑令 四八八

成皋令印 四八九

長安令印 四九〇

臨邛令印 四九一

杜陵令印 四九二

滎陽令印 四九三

緱氏令印 四九四

被陽邑令 四九五

槐里令印 四九六

河南令印章 四九七

小黄邑令之印 四九八

雲陽令章 四九九

重泉令印 五〇〇

漢代官印選

茂陵令印　五〇一

陽翟邑令　五〇二

虢邑令印　五〇三

美陽令印　五〇四

鄗邑令印　五〇五

高陵令印　五〇六

好畤邑令　五〇七

定陶令之印章　五〇八

池陽令印　五〇九

姑幕令印　五一〇

宛邑令印　五一一

長陵令印　五一二

栒邑令印章　五一三

盧奴令印　五一四

襄賁令印　五一五

櫟陽令　五一六

夏陽令印章　五一七

宛句邑令　五一八

漢代官印選

瀕陽令印　五一九

粟令之印　五二〇

臨淄邑令　五二一

彭城令印　五二二

平陵令印　五二三

㯫令之印　五二四

鄠邑令印　五二五

盩厔令印　五二六

單父令印　五二七

阿武邑令　五二八

蕩陰令印　五二九

城父令印　五三〇

谷口令印章　五三一

長子令印　五三二

千乘令之章　五三三

不其令印　五三四

番陽令印　五三五

洛陽武庫令印　五三六

印	印文	編號
	南綏長印	五三七
	順陽長印	五三八
	樓煩長印	五三九
	諸邑長印	五四〇
	當陽邑長	五四一
	武安長印	五四二
	穀陽邑長	五四三
	連然邑長	五四四
	不其邑丞之印	五四五
	安陵丞印	五四六
	南陵丞印章	五四七
	華陰守丞	五四八
	東州丞印	五四九
	長陵邑尉之印	五五〇
	護軍中尉	五五一
	監軍御史	五五二
	騎都尉印	五五三
	美俗使者	五五四

淮陰侯印　韓信

注釋： 韓信（？—前一九六年）淮陰人。原爲項羽部下，因不得重用，投靠劉邦，被任爲大將，曾任掌軍糧的治粟都尉。楚漢戰争時，被劉邦封爲齊王。漢朝建立後，改封爲楚王，與張良、蕭何并稱漢初三杰。後因被誣告謀反，貶爲淮陰侯，又被告發在長安謀反，爲吕后、蕭何定計，騙至未央宫，斬於鐘室，夷三族。

附注： 侯，爵位名。古代殷周分封諸侯爵位，以封地大小，分爲公、侯、伯、子、男五等。公、侯封地方百里。漢代封爵僅限于王侯兩級。高帝八年（前一九九年）至十二年（前一九五年）間被封列侯達一四三人。

鄃侯印章　欒布

注釋： 欒布（？－前一四五年）西漢梁人。與彭越友善，彭越爲梁王時任他爲梁大夫。漢高祖殺彭越，他奉使自齊國還，哭祭彭越，爲吏所捕，高祖釋其罪，任爲都尉。文帝時，爲燕相。吴楚七國之亂，以擊齊國之功被封爲鄃侯復爲燕相。

附注： 有關『侯爵』以後均見第一頁。

酇侯之印　蕭何

注釋： 蕭何（？－前一九三年）沛縣人。早年任沛縣獄吏，秦末輔佐劉邦起義。攻克咸陽後，他接收了秦丞相、御史府所藏的律令、圖書，掌握了全國的山川險要、郡縣户口，對楚漢戰争勝利起了重要作用。後劉邦以蕭何爲丞相。漢代建立後，封爲酇侯。高帝十一年，拜爲相國。惠帝二年卒，謚文終侯。

平陽侯印

曹參

注釋：曹參（？-前一九〇年）字敬伯，沛縣人。是繼蕭何後的漢代第二位相國。早年隨漢高祖劉邦起兵，高祖六年（前二〇一年），封平陽侯。惠帝二年（前一九三年），蕭何臨終前漢惠帝劉盈舉薦其爲漢相。其在位期間，繼續執行蕭何留下的政策，不予改變。爲相三年卒。謚懿侯。史稱蕭規曹隨。

留侯印章　張良

注釋： 張良（？－前一八六年）漢初大臣。字子房，城父人。祖與父都是韓國大臣。秦滅韓後，他圖謀復國，結交刺客，在博浪沙狙擊秦始皇未中，逃亡至下邳時遇黃石公，得《太公兵法》。秦末農民戰爭中，歸劉邦爲將。楚漢戰爭期間，提出不立六國後代，聯結爲廏將英布、彭越，重用韓信等策略，并主張追擊項羽，殲滅楚軍，都被劉邦采納。漢朝建立後封留侯。病卒，謚文成侯。

曲逆侯印　陳平

注釋： 陳平（？—前一七八年）陽武人。陳勝起義後，先投魏王咎，後又隨項羽入關。不久歸劉邦，任護軍中尉，建議用反間計使項羽去謀士範增，并以爵位籠絡大將韓信，被劉邦采納。漢朝建立後封曲逆侯。惠帝、呂后時任丞相，因呂氏專權而不治事。文帝初，讓位周勃，徙爲左丞相。不久周勃罷相，陳平專爲丞相。孝文二年（前一七八年）死。謚獻侯。

安國侯印　王陵

注釋： 王陵（?—前一八一年）　漢初大臣。沛縣人。秦末農民戰争中，聚衆數千人據南陽（今河南南陽），後歸劉邦，從定天下，以功封安國侯，官至右丞相。因反對吕后封諸吕爲王，罷相，改任太傅，謝病不朝，吕后七年卒。

絳侯之印 周勃

注釋： 周勃(？－前一六九年) 漢初大臣。沛縣人。少時家貧，靠編織養蠶用的蠶箔爲生，還常給辦喪事的人家吹蕭。後來成爲了一名能拉强弓的勇士。秦末從劉邦起義，以軍功爲將軍，封绛侯。吕后時，任太尉。吕后死，他與陳平定計，入北軍號召將士擁護劉氏，誅殺企圖發動叛亂的諸吕，迎立文帝，任右丞相，賜黄金五千斤，食邑增加到一萬户。文帝前元十一年(前一六九年)卒，謚武侯。

條侯印章　周亞夫

注釋： 周亞夫（?—前一四三年）沛人。周勃之子。其兄周勝之嗣絳侯，因罪廢侯，文帝追念周勃之功，於文帝後元二年封他爲條侯。景帝立，遷車騎將軍。景帝中元三年（前一四七年），吳楚七國反，他爲太尉，東擊吳楚，三月而定，遷丞相。後景帝廢栗太子，固爭，景帝由此疏之。中元三年，謝病免相，歸家。因其子罪受牽連下獄，絕食嘔血而死。

舞陽侯印 樊噲

注釋： 樊噲（前二四二—前一八九年）沛縣人。樊噲出身寒微，早年曾以屠狗爲業。他與劉邦的交往甚密，曾與劉邦一起隱于芒碭山澤間（今河南永城東北）。與蕭何、曹參共同推戴劉邦起兵反秦。待劉邦做了沛公，便讓樊做了他的隨從副官。楚漢時期，是一位能征慣戰、智勇雙全、武功蓋世、驍勇善戰、鋭不可當的大漢名將。封舞陽侯，惠帝六年（前一八九年）樊噲卒，謚武侯。

曲周侯印　酈商

注釋： 酈商（?—前一八〇年）秦漢時期陳留縣高陽鄉人。酈食其的弟弟。劉邦兵至陳留，率衆屬之，曾率兵幾千向陳留縣西南方向進攻，奪取地盤。從擊項羽，官直將軍。劉邦稱漢王后，封酈商爲信成君。劉邦稱帝後，藏荼、黥布相繼叛亂，酈商奉旨平叛，再建勛功，晋封爲右丞相，返京後任衛尉更封爲曲周侯，於漢文帝元年（公元前一七九年）卒，謚景侯。

汝陰侯印　夏侯嬰

注釋：夏侯嬰（?－前一七二年）　沛人。初爲沛厩司禦，跟從劉邦起義。高祖爲沛公，因戰功先後賜爵七大夫，以爲太僕。高祖崩，以太僕事惠帝。惠帝崩，以太僕事高后。高后崩，嬰以太僕與東牟侯入清宫，廢少帝，以天子法駕迎代王代邸，與大臣共立爲孝文皇帝，復爲太僕。後封汝陰侯。謚文侯。

潁陰侯印　灌嬰

注釋：灌嬰（？—前一七六年）　睢陽人。本以販絲織品爲生。秦二世二年（前二〇八年）秋投劉邦，隨其攻戰，以驍勇聞名。漢興，封潁陰侯。先後以車騎將軍職參與平臧荼、韓王信、陳豨、英布反叛的征戰。高后八年（前一八〇年），受吕産之命，以大將軍職擊齊王劉襄，至滎陽屯兵不進，與周勃、劉襄等通謀，欲共滅吕氏。（前一七六年）文帝立，歷任太尉、丞相。文帝前元四年卒。謚懿侯。

陽陵侯印　傅寬

注釋： 傅寬（？—前一九〇年）　西漢初諸侯。秦末以舍人從劉邦起兵。至霸上，爲騎將。劉邦爲漢王，他被封爲共德君，從劉邦還定三秦，擊項羽，賜爵通德侯。後屬韓信隨信定齊地，任齊丞相。高祖六年（前二〇一年）封陽陵侯，從擊陳豨爲代相國，後爲代丞相。謚景侯。

信武侯印　靳歙

注釋： 靳歙（？—前一八三年）西漢初將領，初爲劉邦的侍從官，劉邦自立爲漢王後，因戰功賜靳歙爲建武侯，官騎都尉。楚漢戰爭中屢建戰功。西漢建立，封信武侯，再遷車騎將軍，從劉邦平定陳豨、英布。高后五年（公元前一八三年）卒，謚肅侯。

鄘成侯印　周緤

注釋： 周緤（？—前一七五年）沛人。高祖開國功臣。秦二世元年，（前二〇九年）隨劉邦起兵于沛，任舍人，隨之于沛縣起義。至霸上向西入蜀、漢，還定三秦并跟隨劉邦度平陰，參予大小戰役，從未違劉邦之意。劉邦稱帝，封周緤爲信武侯，後又改封爲鄘成侯。謚貞侯。

北平侯印章 張蒼

注釋： 張蒼（前二五六—前一五二） 陽武人。在秦朝時曾經當過御史。劉邦起義，他歸順了劉邦，西漢建立之後，他先後擔任過代相、趙相等官職。因爲他幫助劉邦清除燕王臧荼叛亂有功，被晋封爲北平侯，以後又遷升爲計相、主計。張蒼在歷法、算學方面成就卓著。曾提倡采用《颛顼歷》。增訂、删補《九章算術》。景帝時病卒。著書十八篇，言陰陽律歷事。謚文侯。

汾陰侯印　周昌

注釋： 周昌（?—前一九二年）　西漢大臣，沛縣人。秦時爲泗水卒史。秦末農民戰爭中，隨劉邦入關破秦，任中尉。後爲御史大夫，封汾陰侯。耿直敢言。劉邦欲廢太子，他直言諫止。後爲趙王劉如意相，如意爲吕后所殺，遂謝病不朝。三歲而卒。謚悼侯。

江邑侯印 趙堯

注釋： 趙堯，西漢諸侯，漢高祖五年（前二〇二年）初爲符璽御史，用計謀將御史大夫周昌降爲趙相而自代之。西漢建立，從劉邦擊陳豨叛，以功于高祖十一年（前一九六年）封江邑侯。高后元年（前一八七年）以罪免官。

廣阿侯印　任敖

注释：任敖（?—前一七八年）沛人。秦時爲沛獄吏，與劉邦友善。從劉邦起兵，任御史，堅守豐地兩年。劉邦爲漢王時，任上黨守。高祖十一年，（前一九六年）因功封爲廣阿侯，食一千八百户。高祖元年（前二〇六年）爲御史大夫，三年免。文帝前元二年（前一七八年）卒，謚懿侯。

故安侯印　申屠嘉

注釋：申屠嘉（?—前一五五年）亦作申徒嘉，梁人。初從劉邦擊項羽，爲弩機手，後升爲隊率、都尉。惠帝時爲淮陽太守。文帝前元年（前一七九年）賜爵關内侯，遷御史大夫。後元二年，（前一六二年）拜爲丞相，封故安侯。景帝立，内史晁錯深得信任，他身爲丞相所言不用。後因晁錯犯罪請誅之，景帝不從，深悔未先斬後請，嘔血而卒。謚節侯。

建信侯印　婁敬

注釋： 劉敬，漢初齊人。本姓婁。高祖五年（前二〇二）年至洛陽謁見劉邦，勸遷都關中，被采納，賜姓劉拜爲郎中，號奉春君。後封關内侯，號爲建信侯。劉邦被匈奴擊敗後，他出使匈奴，謀求和親，緩解漢匈關系。又提出將六國貴族後裔遷至關中，以削弱各地富豪勢力之策，高祖悉從之。

宜陵侯印　息夫躬

注釋：息夫躬，字子微，河內郡河陽人。少爲博士弟子，通覽傳記及諸家之書。哀帝初，爲謀富貴，誣構東平王劉雲謀反案，劉雲被誅，息夫躬被擢爲光祿大夫左曹給事中。成帝綏和四年（前五年）封宜陵侯，食千戶。哀帝元壽元年（前二年），因反對哀帝寵臣董賢被罷官，就封國。次年，坐祝祖上，下獄，死於獄中。母弃市，妻徙合蒲。

牧丘侯印 石慶

注釋；石慶（—前一〇三年），温縣人。武帝建元二年（前一三九年），**竇**太后任其爲内史—**後**爲太僕、齊相。任齊相時—齊人以其家教爲楷模—齊地得治—齊人曾爲他立石相**祠**。元**狩**元年（前一二二年），爲太子太傅—**後**遷**御**史大夫。元鼎**五**年出任**丞**相—封牧丘侯。太初二年卒—謚恬侯。

建陵侯印　衞綰

注釋： 衞綰（?—前一三一年）大陵人。文帝時以擅長戲車征爲郎，積功遷中郎將。景帝時，任河間王劉德太傅。景帝中元三年，（前一四七年）奉詔兵擊吴楚，亂平，以功升任中尉，六年，又封建陵侯。景帝立膠東王劉徹爲太子，受任太子太傅，遷御史大夫。景帝後元元年（前一四三年）代劉舍爲丞相，武帝即位，免相。武帝元光四年（前一三一年）卒，謚哀侯。

塞侯印　直不疑

注釋： 直不疑（?—前一三八年）南陽人。文帝時爲郎，後遷中大夫。景帝初爲衛尉，曾任前將軍，率軍參與平定吴楚七國之亂。景帝後元元年，拜爲御史大夫，封塞侯。武帝即位，免官。好學老子言，爲官承續前任所爲，以無爲而治。

魏其侯印　竇嬰

注釋： 竇嬰（?-前一三一年）字王孫。觀津人。文帝時，任吴相，病免。景帝初立，爲詹事，後托病辭官。吴楚七國之亂起，景帝任命他爲大將軍，七國破，封魏其侯，任太子太傅。武帝建元元年，任丞相，因推崇儒術觀，被竇太后罷官。漢武帝元光三年，獲罪，四年被處死。

武安侯印　田蚡

注釋：田蚡（?—前一三一年）長陵人。初爲諸郎，至景帝晚年爲太中大夫。武帝初立，以國舅身份得封武安侯，拜太尉。時景帝母竇太后好黄老之言，他推崇儒術，觸怒竇太后，被罷免。建元六年（前一三五年），竇太后死，出任丞相，以武帝年幼而獨擅朝政，曾誣殺竇嬰和灌夫。

平陵侯印　蘇建

注釋：蘇建，杜陵人。蘇武之父。初任校尉，武帝元朔二年（前一二七年），從車騎將軍衛青擊匈奴，收復河套地區，有功，封平陵侯。明年任衛尉。五年，任游擊將軍，從衛青出朔方擊匈奴，大勝。六年，再以右將軍從衛青擊匈奴，敗，只身逃回，廢侯免職。後起用爲代郡太守，卒于官。有子三人，中子蘇武最爲知名。

長平侯印　衛青

注釋： 衛青（?—前一〇六年）字仲卿，河東平陽人。本姓鄭。因其父鄭季與平陽侯曹壽家僮衛媪通而生之，遂冒姓衛。少壯時爲平陽侯家騎。建元二年（前一三九年）被武帝看中後，任建章監侍中。其姐衛子夫入宫爲皇后，又被武帝重用，歷任太中大夫、車騎將軍，官至大將軍，封長平侯。先後七次出擊匈奴，戰功卓著，爲安定北部邊境做出重大貢獻。謚烈侯。

冠軍侯印　霍去病

注釋：霍去病（前一四〇—前一一七年）河東平陽人。年十八任侍中，善騎射，遷興鷁校尉，從大將軍衛青擊匈奴有功，於元朔六年封冠軍侯。元狩二年爲驃騎將軍，又曾兩次率兵擊敗匈奴。四年，任大司馬驃騎將軍。與衛青深入漠北擊敗匈奴主力，控制了河套地區。其先後六次出擊匈奴。武帝以戰功卓著，欲爲其建造府第，以辭讓。年二十四病卒，謚景桓侯。

合騎侯印　公孫敖

注釋： 公孫敖（?—約前九一年）北地義渠人。少爲騎士，精于騎射。景帝時，任騎郎，後事武帝，官至太中大夫。元光六年（前一二九年），爲騎將軍，與車騎將軍衛青等分道擊匈奴，因傷亡大半，降爲庶人。元朔五年，起用爲護軍都尉，從大將軍衛青擊匈奴，有功，封合騎侯，明年，遷中將軍。太初元年任因杅將軍。後因戰敗，被處死。

岸頭侯印　張次公

注釋：張次公，河東人。年少時，曾與義縱等爲盜。武帝時任郎，因功遷校尉。元朔二年（前一二七年），從衛青擊匈奴有功，封岸頭侯，任將軍，統率北軍。五年，因抗擊匈奴有功，益封食邑達二千户。元狩元年因受賄罪，免職廢侯，國除。

邳離侯印　路博德

注釋：　路博德，西河平州人。武帝時，任右北平太守，從霍去病率次出擊匈奴。元狩四年，封邳離侯，后任衛尉，遷伏波將軍，平南越。太初元年（前一〇四年），因其子犯法受牽連，免侯。後任强弩都尉，屯駐居延，病死於駐地。

從興侯印　趙破奴

注釋：趙破奴，太原人。曾逃亡匈奴，不久歸漢，任驃騎將軍鷹擊司馬。元狩二年（前一二一年），從霍去病北擊匈奴夫俘獲二王，以功封從興侯。元鼎五年，免侯。元封五年，以匈河將軍出擊樓蘭，復封爲浞野侯。太初二年，以浚稽將軍擊匈奴，兵敗被俘，居匈奴十年，逃歸漢，後受巫蠱禍牽連，被誅族。

平津侯印　公孫弘

注釋： 公孫弘（約前二〇〇—一二一年）字季，又字次卿，菑川人。少時曾爲薛獄吏，因罪免。家貧，放牧爲生，年四十余乃學《春秋》雜説，專攻《公羊》學。武帝初舉賢良，徵爲博士，時年已六十，後以病免歸。元光五年（前一三〇年），復舉賢良，拜博士，遷左内史。元朔三年，遷爲御史大夫，五年，代薛澤爲丞相，封平津侯。元狩二年，病卒於任上。

富平侯印　張安世

注釋： 張安世（？—前六二年）字子孺，杜陵人。武帝時，爲郎，供職尚書。盡心竭力，擢尚書令，又遷光禄大夫。昭帝即位，拜右將軍。光禄勛，輔政十三年。元鳳六年（前七五年），封富平侯，食三千户。地節二年（前六八年），霍光死，被任爲大司馬車騎將軍，領尚書事。更爲大司馬衛將軍，兩宮衛尉。元康四年（前六一年），病卒，謚敬侯。

建平侯之章　杜延年

注釋：杜延年（？—前五三年）字幼公。南陽杜衍人。昭帝初立，補軍司空，遷諫大夫。以發覺左將軍上官桀等謀亂罪，封爲建平侯，擢爲太僕右曹給事中。宣帝即位，入爲給事中，居九卿之位十餘年。霍光卒，免官。后復召爲北地、西河太守，元鳳三年（前七八年），入爲御史大夫。甘露元年（前五三年）卒，謚敬侯。

博望侯印　張騫

注釋： 張騫（?—前一一四年）漢中成固人。封博望侯。奉漢武帝命，先後兩次出使西域。第一次出使大月氏，相約共同夾擊匈奴。從公元前一三八年出發到前一二六年歸國，歷經大宛、康居、大月氏等地，被匈奴扣留十一年。前一一九年又奉命出使烏孫，并派副使至大宛、康居、大夏等地。加强了中原和西域少數民族的聯系，發展了漢朝與中亞各地的交往。

海西侯印　李廣利

注釋：李廣利（?－前八八年）中山（今河北定縣）人。武帝時爲貳師將軍，率屬國六千騎及郡國少年數萬人至大宛貳師城，取得善馬數十匹，中馬以下三千余匹，立昧蔡爲宛王而還，以功封海西侯。征和三年（前九〇年）率七萬騎出五原擊匈奴，兵敗而降。單于以女妻之，尊寵在衛律上。後遂殺之。

南窌侯印　公孫賀

注釋：公孫賀（?—前九一年）字子叔，又稱孫叔。北地義渠人。少爲騎士，武帝爲太子時，他任太子舍人。武帝即位，遷太僕。元光中升爲輕車將軍，元朔五年從大將軍衛青擊匈奴，因俘匈奴王而被封爲南窌侯。任左將軍，後爲浮沮將軍。太初二年，代石慶爲丞相，封葛繹侯。征和元年，因巫蠱案入獄，與其子俱死獄中，株連九族。

澎侯之印　劉屈氂

注釋：劉屈氂（?—前九〇年）武帝庶兄。中山靖王劉勝之子。曾任涿郡太守。征和二年，代公孫賀爲左丞相，封彭侯。次年，以巫蠱禍牽連，入獄腰斬東市，妻子梟首。

富民侯印　車千秋

注釋： 車千秋（？—前七七年）本姓田。長陵（今陝西咸陽東北）人。初爲高寢郎『巫蠱之禍』中，他上書爲戾太子申冤，武帝感悟，拜爲大鴻臚。征和四年，爲丞相，封富民侯。謹慎持重，敦厚有智。武帝臨終時，受顧命輔佐昭帝。晚年體弱，特准其乘坐小車出入宫廷，故號車丞相。元鳳四年卒，謚定侯。

宜春侯印　王訢

注釋： 王訢（？—前七六年）濟南人。本爲郡縣吏，後升任被陽令。武帝末年，郡國起義者衆，暴勝之奉命鎮壓，與之結爲友好，并薦爲右輔都尉，守右扶風。武帝數次到安定、北地，每過扶風，安頓周全，深受武帝嘉許。昭帝元鳳元年代桑弘羊爲御史大夫。四年代田千秋爲丞相，封宜春侯。五年卒，謚號敬侯。

安平侯印　楊敞

注釋：楊敞（?—前七四年）華陰人。初爲給事大將軍霍光幕府，任大將軍司馬，爲霍光所器重，升爲大司農。昭帝元鳳中，升任御史大夫。六年，代王訢爲丞相，封安平侯。次年，昭帝卒，與霍光等共謀廢昌邑王，立宣帝，是年病卒，謚敬侯。

平通侯印　楊惲

注釋： 楊惲（？—前五四年）　字子幼，楊敞子，母司馬遷女。華陰人。少時習外祖父《太史公書》，文史兼通。宣帝時爲郎，遷左曹。後以功升任中郎將，封平通侯，官至光禄勛。後因与太僕戴長樂不和，遭戴誣告，被免爲庶人。後又以大逆不道論罪腰斬，妻子徙酒泉。其家人受株連者衆。

陽平侯印　蔡義

注釋：蔡義（？—前七一年）河内温縣人。初爲霍光幕僚。家貧，常徒步上班，遷補覆盎城門侯。昭帝時應召解《詩》，升爲光禄大夫、給事中，命爲昭帝講授《詩經》。不久提升爲少府、御史大夫。元平元年（前七四年），代楊敞爲丞相，封陽平侯。爲相四年卒，謚節侯。

博陸侯印　霍光

注釋：霍光（？—前六八年）　字子孟，河東平陽人。初爲郎，繼任諸曹侍中、奉車都尉、侍中奉車都尉、光禄大夫，常侍武帝左右，很受武帝親信。武帝卒，昭帝年幼即位，他以大司馬大將軍輔政，封博陸侯。始元六年（前八一年），曾以昭帝名義令丞相田千秋、御史大夫桑弘羊召集鹽鐵會議。今存《鹽鐵論》一書，即當時會議記録。卒後謚宣城侯。

秺侯之章　金日磾

注釋： 金日磾（前一三四—前八六年）字翁叔，匈奴人，原爲匈奴休屠王太子。武帝元狩二年（前一二一年），被没入宫爲養馬奴。後提升爲馬監。後元二年，得遷車騎將軍。昭帝立，他以武帝遺詔與大將軍霍光同輔政。始元元年，封秺侯。同年病卒，謚敬侯。

都城侯印　金安上

注釋：金安上（?－前五六年）字子侯，匈奴人。祖父爲匈奴休屠王。武帝元狩年間，其父從兄金日磾降漢。得任侍中。宣帝時頗受寵幸，賜爵關内侯。宣帝地節四年，封都城侯，後遷爲建章衛尉。在侯位十一年卒。謚敬侯，賜冢杜陵。

營平侯印　趙充國

注釋： 趙充國（前一三七—前五二年）字翁孫，隴西上邽（今甘肅天水）人。善騎射，有謀略，熟悉邊情。武帝時以假司馬從李廣利擊匈奴，身負七十余傷。武帝嘉其功，召拜郎中，不久遷車騎將軍長史。昭帝時，遷中郎將，屯軍上穀。後徵還爲水衡都尉，升後將軍。宣帝立，封營平侯。本始二年（前七二年）任蒲類將軍。後因其子坐罪自殺免官就第。卒，謚壯侯。

義陽侯印　傅介子

注釋： 傅介子（?—前六五年）北地義渠人。初以從軍爲郎，昭帝時，曾率吏士出使樓蘭、龜茲，殺匈奴使者，詔拜爲中郎，遷平樂監。又殺私通匈奴的樓蘭王安歸。後封義陽侯。在位十三年卒。謚壯武。

長羅侯印　常惠

注釋： 常惠（？—前四六年）太原人。少時家貧，應募從蘇武使匈奴，皆被扣留十餘年。昭帝始元六年，獲釋歸漢，因功拜光禄大夫。宣帝本始四年，封長羅侯，後代蘇武為典屬國，明習外國事，勤勞數有功，甘露中，遷右將軍。元帝初元二年卒，謚武侯。

安遠侯印　鄭吉

注釋： 鄭吉（?-前四九年）會稽人。以卒伍從軍，多次到西域，熟悉城外事。宣帝時，以侍郎屯田渠黎，發諸國兵攻破車師，遷任衛司馬。神爵三年（前五九年），匈奴日逐王欲降漢，他發渠黎、龜茲諸國數萬人迎日逐王歸漢，威震西域，因功封爲安遠侯並首任西域都護，立幕府，以鎮撫西域諸國。謚繆侯。

義成侯印　甘延壽

注釋：甘延壽（？—前二五年）字君況，北地鬱郅人。少時以良家子善騎射爲羽林，遷爲郎，旋爲期門。以材力爲皇帝所器重。遷官至遼東太守。經車騎將軍許嘉推薦他爲郎中諫大夫，出任西域都護騎都尉，於副校尉共誅斬郅支單于，封爲義成侯，卒，謚壯侯。

西平侯之章　于定國

注釋： 于定國（?－前四〇年）字曼倩。東海郯縣人。少時從其父學習法律，父死，爲縣獄吏，郡決曹，補廷尉史，以才高舉侍御史，遷御史中丞。宣帝時為光祿大夫，後升遷爲廷尉。後因治獄平恕，百姓人心平復，遷御史大夫。甘露三年代黃霸為丞相，封西平侯，在位十一年卒，謚安侯。

長平侯印　彭宣

注釋：彭宣（？－四年）字子佩。淮陽陽夏人。初事張禹，稍遷東平太傅，繼任右扶風、廷尉、太原太守。數年後入爲大司農、光祿勳、右將軍。哀帝即位，徙爲左將軍，不久被罷免。元壽元年，複召爲光祿大夫，遷御史大夫，至大司空。二年封長平侯。王莽秉政時，上書求退。平帝元始四年卒，謚頃侯。

扶陽侯之章　韋賢

注釋： 韋賢（前一四七－前六六年）字長孺，魯國鄒人。通《詩》、《禮》、《尚書》，爲博士，授魯國大儒，入侍中，爲昭帝師，遷光祿大夫大鴻臚、長信少府。宣帝本始三年，代蔡義爲丞相，封扶陽侯，食邑一千八百戶。爲丞相五年，以不習吏事，免相，因病去世，謚節侯。

高平侯印　魏相

注釋：魏相（?—前五九年）字弱翁，濟陰定陶人。徙居平陵。少年學《易》，初爲郡卒史。昭帝時舉賢良，以對策高第，任茂陵令，遷河南太守，後遷揚州刺史。宣帝即位，入爲大司農，三年後遷升御史大夫。曾上書建議削霍氏大權，宣帝善之，任爲給事中，參與中朝決策。地節三年又代韋賢爲丞相，封高平侯。神爵三年，病卒於任上。謚憲侯。

博陽侯印　邴吉

注釋： 邴吉（?－前五五年）《漢書》作丙吉，字少卿，魯國人。少時學習律令，爲魯獄史，後纍遷廷尉右監，因犯法被免官。武帝末年復被起用，主治巫蠱獄。昭帝立，任車騎將軍軍市令，任霍光長史。後又遷光祿大夫、給事中。昭帝死，參與廢除劉賀，並建議迎立宣帝。宣帝初立，封關內侯。地節三年，任太子太傅，又遷御史大夫。元康三年，宣帝得知其當年救護之恩，封爲博陽侯，五鳳三年，病卒於任上。謚定侯。

樂安侯印　匡衡

注釋： 匡衡，字稚圭。東海承縣人。少時好學，家貧，沒有蠟燭，鑿壁引光以觀書。中第，因所對不合令條，任爲太常掌故，又補調平原文學。元帝即位，任郎中，後遷博士、給事中、光祿大夫、太子少傅、光祿勳、御史大夫。建昭三年（前三六年）爲丞相，封樂安侯。建始三年（前三〇年），因多取封邑土地等事遭彈劾，免爲庶人。終於家。

安昌侯印 張禹

注釋： 張禹（？—前五年） 字子文，河內軹人。少時學經，到了壯年，遊學長安，宣帝末舉爲郡文學，試爲博士。元帝時受昭爲皇太子授《論語》。遷光祿大夫，出爲東坪內史。成帝即位，封關內侯。以光祿大夫給事中領尚書事。河平四年（前二五年）代王商爲丞相，封安昌侯。鴻嘉元年以老病致仕。哀帝建平二年（前五年）卒，謚節侯。

博山侯印　孔光

注釋： 孔光（前六五—公元五年）字子夏，曲阜人。年未二十，舉爲議郎，遷諫大夫，坐議政不合上意，貶爲虹縣長，辭官。成帝即位，又舉爲博士。爲尚書，曆遷僕射、尚書令、諸吏光祿大夫、光祿勳等。永始二年（前一五年）任御史大夫。綏和二年（前七年）任丞相，封博山侯。平帝即位，時王莽專權，他心懷憂懼，數上書乞骸骨歸。平帝元始五年（公元五年）病卒，謚簡烈侯。

扶德侯印　馬宮

注釋： 馬宮，字遊卿，東海戚人。原姓馬矢，後改姓馬氏。以射策甲科爲郎，遷楚長史，免官。後復任丞相史司直，經師丹推薦，遷廷尉平。歷任青州刺史，汝南、九江太守。哀帝元壽元年以詹事遷光祿勳、右將軍。次年，代孔光爲大司徒。平帝元始元年（公元一年）封扶德侯。五年，任大司馬。王莽稱帝復爲太子師，卒於任上。

樂昌侯印　王商

注釋： 王商（?–前二五年）字子威，涿郡蠡吾人。後徙杜陵。少時爲太子中庶子，以肅靜敦厚著稱。宣帝甘露二年，襲父爵爲樂昌侯。推財以義母諸弟，身無所愛。大臣薦賢，遂遷爲諸曹侍中、中郎將。元帝永光三年爲右將軍、光祿大夫。建始四年爲右丞相。河平四年爲大司馬大將軍王鳳所嫉妒，罷官自殺，謚戾侯。

武陽侯印章　史丹

注釋： 史丹（?-前一四年）字君仲，曲阜人。少侍劉奭爲中庶子，劉奭即位爲元帝，任駙馬都尉侍中，主立太子劉驁，是爲成帝。成帝立，爲長樂衛尉，右將軍，又徙左將軍、光祿大夫，鴻嘉元年（前二〇年），封武陽侯。永始三年（前一四年）卒，謚頃侯。

高武侯印　傅喜

注釋： 傅喜（?—一〇年）字稚游，一作穉游。河内温縣人。西漢諸侯。哀帝建平元年（前六年），以外戚、大司馬封爲高武侯。在位十五年，平帝即位，王莽秉政，召還長安，位特進，奉朝請。壽終莽賜謚貞侯。

高陽侯之章　薛宣

注釋： 薛宣，字贛君，西漢末人，東海郯城人。初為廷尉、書佐、都船御史、補不其縣丞。繼任樂浪都尉丞、宛句令。大將軍王鳳聞其名，薦爲長安令。以明習文法詔補御史中丞。成帝即位，任中執法，總管各部刺史。鴻嘉元年（前二〇年）任御史大夫。同年，代張禹爲丞相，封高陽侯。永始二年（前一五年），以吏治不善，罷相免侯。後經翟方進保薦，恢復侯爵，視尚書事。哀帝時，受其子薛祝傷人罪牽連，免爲庶人，歸故郡，卒於家。

陽鄉侯印　朱博

注釋：朱博（?－前五年）字子元，杜陵人。成帝時，任櫟陽令、冀州刺史、并州刺史、琅琊太守，遷大司農。因小罪左遷犍爲太守，因病免官。後復征爲光祿大夫，遷廷尉、後將軍。哀帝即位後，祖母定陶太后欲加稱尊號，他與太后從弟傅晏，排斥丞相孔光、大司空師丹等，並代孔光爲丞相，封陽鄉侯。事發後，畏罪自殺。

高陵侯印　翟方進

注釋： 翟方進（?－前七年）字子威，汝南上蔡人。從經學博士受《春秋》，積十餘年，明習經學，以射策甲科爲郎。成帝河平中立博士。後歷任朔方刺史、御史大夫。永始二年遷御史大夫、旋擢爲丞相，封高陵侯。綏和二年成帝責其任相期間災害並臻、民被饑餓，失國守備，盜賊黨輩罪，迫令自殺。謚恭侯。

汜鄉侯印　何武

注釋：何武（？—三年）字君公，蜀郡郫縣人。初以射策甲科爲郎，遷爲鄂令，經太僕王音舉爲賢良方正，征對策，拜爲諫大夫。後經大司馬王根推薦，征爲諫大夫，歷任兗州刺史等職。綏和元年代孔光爲御史大夫。成帝時改爲大司空，封汜鄉侯。哀帝時，拜前將軍。元始三年（公元三年）因吕寬獄見誣，自殺。謚剌侯。

新甫侯印　王嘉

注釋：　王嘉（?－前二年）字公仲，平陵人。初以明經射策甲科爲郎，因掌守殿門失職免。成帝鴻嘉中，遷太中大夫。出為九江、河南太守，治甚有聲望。元延三年（前一〇年）徵入爲大鴻臚。建平三年（前三年），任御史大夫，明年，繼平當丞相，封新甫侯。元壽元年（前二年），因反對增哀帝嬖臣董賢封戶下獄，不食嘔血而亡，國除。平帝元始四年（公元四年），追謚忠侯。

高樂侯印　師丹

注釋： 師丹（？—三年）字仲公，琅玡東武人。元帝末爲博士，免。成帝建始中，州舉茂才，復補博士，出為東平王太傅，經舉薦，徵爲光祿大夫、丞相司直。永始三年，爲少府。綏和元年爲諸吏散騎光祿勳、侍中，遷太子太傅。二年，爲左將軍，賜爵關內侯，領尚書事，代王莽爲大司馬，封高樂侯，月餘，遷大司空。元始三年，改封義陽侯，卒，謚節侯。

建成侯之章　黄霸

注釋： 黄霸（?-前五一年）字次公，淮陽陽夏（今河南太康）人。武帝末年，任侍郎謁者、河東均輸長、河南太守丞。宣帝即位，詔爲廷尉正、丞相長史。本始二年，因罪下獄三年。釋放後，任揚州刺史、潁川太守。以治郡功，賜爵關內侯，詔爲太子太傅。五鳳三年，遷御史大夫，明年又升丞相，封建成侯。病卒於任上，謚定侯。

丞相印章　蕭何

注釋： 簡介參見第三頁

附注： 丞相，官名。漢承秦制，丞相爲輔佐皇帝的最高政務長官，與太尉、御史大夫地位略等。高帝即位，置一丞相，十一年更名相國。孝惠、高后置左右丞相。漢初稱相國，后復稱丞相。其屬僚有长史、司直少史等。漢末改稱大司徒，東漢復稱丞相。

相国之印　蕭何

注釋： 簡介參見第三頁

附注： 相國，官名。見第七五頁

右丞相章　王陵

注釋：簡介參見第七頁

附注：右丞相，官名。見第七五頁

左丞相印章　陳平

注釋：簡介參見第六頁

附注：右丞相，官名。見第七五頁。

大司徒印　孔光

注釋：簡介參見第六三頁

附注：大司徒，官名。地方長官。漢哀帝元壽二年（前一年），改丞相爲大司徒。東漢光武帝建武二十七年（公元五一年）改稱司徒。見第七五頁。

丞相長史　朱買臣

注釋： 朱買臣（?-前一一五年）字翁子，吳縣人。少時家貧，以砍柴爲生。後經人舉薦爲武帝所重用，官拜中大夫。後東越王數反朝廷，他向武帝獻計攻討東越，拜會稽太守，擊破東越後，徵爲主爵都尉，列於九卿。後爲丞相長史，與御史大夫張湯有隙，乃告發張湯隱私，張湯自殺，他亦被武帝誅。

附注： 長史，官名。丞相屬官，類似相府的總管，丞相有事，常交付長史辦理，爲佐助丞相，署理諸曹之職。見第七五頁。

丞相少史　王壽

注釋：王壽（？－前二一年）王莽孫。元鳳元年（前七九年）冬十月封爲列侯、丞相少史，始建國元年封功明公。病卒。

附注：少史，官名。丞相府屬官。見第七五頁。

丞相司直　翟方進

注釋：簡介參見第七〇頁。

附注：司直，官名。是丞相府中最高屬官。武帝元朔五年（前一二四年）初置，職責主管監察檢舉。權力很大，位在司隸校尉之上。見第七五頁。

太尉印章　盧綰

注釋： 盧綰（前二五六—前一九三年）秦末江蘇沛縣人。少時與劉邦同里、同日生、友善。秦末從劉邦在沛縣起義。劉邦被封爲漢王，隨入漢中，任將軍。楚漢戰爭起，率軍東擊項羽，任太尉，封長安侯。項羽敗亡後，從劉邦擊敗燕王臧荼，封燕王。陳豨叛亂，他聯絡匈奴共謀叛漢。陳豨敗，劉邦卒，恐被吕后所誅，遂降匈奴，被單于封爲東胡盧王，不久病逝匈奴。

附注： 太尉，官名。秦置。掌全國軍政，與丞相、御史大夫合稱三公。東漢建武二十七年（公元五二年）由大司馬改太尉，與司徒、司空爲三公之一。

大司馬大將軍　衛青

注釋： 簡介參見第三〇頁。

附注： 武帝時改太尉爲大司馬，地位在三公之上。并用以加在大將軍、驃騎將軍、車騎將軍、衛將軍官銜之前，表示名號尊大，權力更大。東漢始置各類大將軍名號。

大司馬驃騎將軍　霍去病

注釋：簡介參見第三一頁。

附注：官名。簡稱驃騎，亦作票騎，位在諸將軍之上，加名號顯其權位高。參見第八四頁。

大司馬車騎將軍　張安世

注釋： 簡介參見第三七頁。

附注： 車騎，官名。西漢重號將軍。高祖初年始置，時廢時復，屬驃騎府。參見第八四頁。

大司馬衛將軍　張安世

注釋：簡介參見第三七頁。

附注：衛將軍，官名。位次三司，掌宿衛。參見第八四頁。

大司馬章　張安世

注釋：簡介參見第三七頁。

附注：大司馬，官名。武帝時設置大司空、大司馬，丞相爲三公官。大司馬主要職務是武事。光武帝建武三十七年詔令改爲太尉。

大司馬驃騎大將軍　丁明

注釋：丁明（？－一年）瑕丘人。哀帝即位，以帝舅封安陽侯，食邑五千戶。建平二年（前五年）任大司馬衛將軍，與外戚傅氏共輔政。元壽元年遷大司馬驃騎大將軍，時號『丁傅』。哀帝崩，王莽輔政，使有司舉奏『丁傅』罪惡，詔免官爵。平帝元始元年（公元一年）爲王莽所殺。

御史大夫　周苛

注釋： 周苛（？－前二〇四年）江蘇沛縣人。秦末爲泗水亭卒吏。高帝元年隨劉邦起兵于沛，任帳中賓客。後遷內史，從劉邦入關滅秦。拜爲御史大夫。又從劉邦還定三秦，擊項羽。漢王三年（前二〇四年），楚圍劉邦於滎陽，戰敗，被俘，拒降，被項羽烹殺之。

附注： 御史大夫：官名。汉沿秦置。是皇帝左右亲信发展起来的，与丞相職權相輔助，又相制約。實爲副丞相。成帝時更名爲大司空。古文字中『史』、『事』不分，御史实为御事。

大司空印章　何武

注釋：簡介參見第七一頁。

附注：官名。是掌土地、水利和工程建設的官员。秦时因工程多用刑徒，故司空也兼管刑徒。參見第九〇頁。

御史中執法印　周苛

注釋： 簡介參見第九〇頁。

附注： 御史中執法爲御史大夫官屬，御史中丞。亦稱御史中執法，秩千石，其職責在殿中蘭臺掌圖籍秘書。外督部刺史，督察郡國行政，内領侍御史。舉劾案章爲主要。

直指使者　暴勝之

注釋： 暴勝之（？-前九一年）字公子，河東人，西漢大臣。武帝天漢二年以直指使者至泰山、琅邪鎮壓農民起義。太始三年任御史大夫，征和二年，因受太子據巫蠱之禍牽連，惶恐自殺。

附注： 直指使者，官名。漢武帝置，即綉衣直指的别稱。亦稱綉衣御史，是奉有特命查辦重大案件的官員。因由御史充任，身穿綉衣，負有特别使命的，故稱。

符璽御史　趙堯

注釋：簡介參見第一九頁。

附注：符璽御史，官名。御史大夫屬官。被人稱爲『君之史』，能單獨直接向皇帝進言。

侍御史印　兒寬

注釋： 兒寬（?-前一〇三年）又作倪寬，千乘人。西漢大臣，水利家。武帝時，以文學舉爲博士弟子，授業孔安國。任掌故，又補廷尉文學卒史。善屬文，爲廷尉張湯所器重，張湯任御史大夫，擢爲侍御史，後又遷中大夫，左內史。元封元年，任御史大夫。在任數年，勸農事、緩刑罰、理獄訟，興水利，深得吏民信愛。太初二年，病卒於任上。

附注： 侍御史，官名。御史大夫屬官。中丞，其職責管理殿中事，有『內領侍御史』，即掌五曹的大量工作。令曹，掌律令，印曹，掌刻令，供曹掌齋祠，尉馬曹掌廄馬，乘曹，掌護駕。故侍御史有種種名稱的御史。

御史中丞　李文

注釋： 李文，河東人。武帝時爲御史中丞，與張湯有旧怨。在上達文書中，遇有詆毁張湯者，不加補救。張湯有心腹魯謁居，指使人寫匿名信誣告李文，被逮捕，並由張湯審理，張湯雖然心中知是魯謁居所爲，仍判處死罪，殺之。

附注： 御史中丞，官名。漢初御史大夫屬官有兩丞，一曰御史丞，一曰中丞，亦謂御史中執法。中丞居殿中，察舉非法。參閲第九五頁。

太傅之章　王陵

注釋： 簡介參見第七頁。

附注： 太傅，官名。春秋時晉國設置，爲輔弼國君之官。掌制定頒行禮法。戰國後廢。西漢吕后元年（前一八七年）復置，次於太師。後歷代沿置，多爲大官加銜，并無實職。東漢多爲重臣之職，與太尉、司徒、司空、大將軍合稱五府。

太師印章　孔光

注釋： 簡介參見第六三頁。

附注： 太師，官名。（太亦作大）西周始置，原爲軍隊統帥兼執政大臣。戰國後廢。漢又復置，位在太傅之上。太師與太傅、太保合稱『三公』，職掌教養監護太子或幼主，是輔弼國君的執政大臣。

太保車騎將軍　王舜

注釋： 王舜（？－一〇年）王莽從弟。魏郡元城東平陵人。成帝永始二年嗣父爵爲安陽侯。綏和元年以駙馬都尉爲太僕。哀帝元壽二年遷大司馬、車騎將軍。哀帝卒，奉詔迎立平帝。元始元年爲太保，爲『四輔』之一。時王莽專權，他升爲太傅、左輔。王莽即位代漢，拜爲太師，封安新公。始建國二年，病卒。

附注： 太保，官名。（太亦作大）西周始置，監護與輔弼國君之官。漢復置，位次於太傅。歷代沿置，多爲大官加銜，無實職。車騎將軍，武官名。

大將軍印章　竇嬰

注釋： 簡介參見第二七頁。

附注： 大將軍，古代武官名稱。始於戰國，漢代沿置。職掌統兵征戰，多由貴戚擔任，權重位高，在三公之上。漢武帝時以大司馬爲大將軍所兼官號。

車騎將軍　薄昭

注釋： 薄昭（？-前一七〇年）文帝母竇太后之弟。高祖時爲郎，從軍十七年。後時任太中大夫。呂后卒，與諸大臣共迎薄太后之子、代王劉恒爲帝，是爲文帝。文帝前元元年任車騎將軍，封軹侯，食邑萬戶。十年，因擅殺朝廷使者獲罪，迫令自殺。

附注： 將軍是高級武官的通稱。作戰時，主帥稱爲將或將軍，爲區别地位的高低，責任的主次和輕重，還有正副之分，將軍名目繁多，車騎將軍，驃騎將軍，衛將軍等皆金印紫綬，職責掌宫衛，領禁兵。

衛將軍章　宋昌

注釋： 宋昌：宋義之孫。以家吏從高祖起兵山東，爲都尉。後爲代王劉恒中尉。諸呂之亂被平定後，丞相陳平、太尉周勃使人迎立代王，是爲文帝。文帝前元元年，以功授衛將軍，封壯武侯。景帝中元四年有罪奪爵一級，貶爲關内侯。

附注： 衛將軍，官名。見第一〇一頁。

上將軍印章　呂祿

注釋： 呂祿（？-前一八〇年）呂后之侄。高后元年，封漢陽侯，號曰武信侯。七年，立爲趙王。八年，高后病重，令他爲上將軍，居北軍。高后卒，與呂產等舉兵謀反作亂，爲周勃、陳平等所誅，諸呂遂滅。

附注： 漢代將軍最尊者爲大將軍，位丞相之上，稱爲侯爵將軍。此外有重號將軍、雜號將軍或稱列將軍，上將軍，戰國時魏國設置，爲軍隊的最高統帥。漢沿置。

復土將軍章　張武

注釋： 張武，張敞從弟，河東平陽人，西漢官吏。初爲代國郎中令，文帝初，如朝任郎中令，受帝信用。文帝前元十四年，匈奴入侵，任車騎將軍，守備長安。後元六年，又任將軍，屯北地以防與匈奴。曾受賄賂，被文帝發覺，乃發御府金錢賜之，他愧而認罪，交出賄物，免受處罰。後元七年任復土將軍，主治陵墓。

附注： 復土將軍，西漢雜號將軍，負責掘土埋棺。另有復土校尉，爲管理葬埋之事。

將屯將軍　屬國捍

注釋：屬國悍，文帝後元七年（前一五七年），爲將屯將軍。

附注：將屯將軍，武官，西漢雜號將軍，因監統駐屯之兵而得名。

驃騎將軍　霍去病

注釋：簡介參見第三一頁。

附注：驃騎將軍，武官名。驃騎亦作票騎。掌征伐，位次丞相，禄秩與大將軍相等。

護軍將軍印章　韓安國

注釋： 韓安國（?－前一二七年）字長孺，梁國成安（今河南商丘西北）人。初事梁孝王劉武，任中大夫。景帝前元三年，繼任梁內史。武帝建元中，召為北地都尉，遷大司農、元朔二年，以材官將軍屯漁陽，同年卒。

附注： 護軍將軍，官名。雙重武職官。護軍督統之意，屬大司馬。武帝元光二年（前一三三年）始設。

驍騎將軍　李廣

注釋： 李廣（？—前一一九年）　隴西成紀人。善騎射。文帝時，因擊匈奴有功，爲郎，並補武騎常侍，景帝時，遷隴西都尉、騎郎將、驍騎都尉，歷任上谷、上郡、北地、雲中、隴西等郡太守。武帝立，改任未央衛尉、驍騎將軍。後任右北平太守。匈奴畏之，號飛將軍。武帝元朔六年，復爲後將軍，元狩四年，以前將軍從大將軍衛青征匈奴，因失道被責，引刀自刎。與匈奴大小十餘戰，久爲名將，一生十二官職，然終未能封侯。

附注： 驍骑將軍，武官名。西漢雜號將軍，東漢沿置，改屯位爲驍骑。

輕車將軍印章　公孫賀

注釋： 簡介參見第四一頁。

附注： 輕車將軍，武官名。漢武帝元光二年（前一三三年）始置，爲西漢雜號將軍。以勇猛者爲輕車、騎將軍、材官、樓船等名號稱之。見第一〇三頁。

材官將軍章　李息

注釋：李息，鬱郅人。武帝元光二年，以太中大夫出爲材官將軍，駐軍馬邑。元朔五年爲將軍，與大將軍衛青出代郡擊匈奴。三年，任中尉。元狩五年，復爲將軍，從衛青出朔方，皆未立功。元狩元年，任大行令。元鼎二年，因罪免官。

附注：材官將軍，西漢雜號將軍之一，統率郡國材官兵士，即工兵。見第一〇九頁。

騎將軍印章　公孫敖

注釋：簡介參見第三二頁

附注：騎將軍，統領騎兵的將軍。見第一〇九頁。

游擊將軍　蘇建

注釋：簡介參見第二九頁。

附注：游擊將軍，西漢雜號將軍之一。見第一〇三頁。

強弩將軍章　李沮

注釋： 李沮，雲中人。西漢將領。武帝時，官左内史，元朔五年又爲強弩將軍。曾隨大將軍衛青出擊匈奴，因功賜爵關内侯。

附注： 强弩將軍，西漢雜號將軍之一。見第一〇三頁。

中將軍章　公孫敖

注釋：簡介參見第三二頁。

附注：中將軍，西漢雜號將軍之一。武帝元朔六年始置。見第一〇三頁。

左將軍章　公孫賀

注釋： 簡介參見第四一頁。

附注： 秦有前、後、左、右將，掌征伐。位上卿，漢沿置。次於大將軍、上將軍、裨將軍或列將軍。此爲重號將軍。

後將軍印　李廣

注釋：簡介參見第一〇八頁。

附注：武官名。見第一一五頁。

前將軍印章　李廣

注釋：簡介參見第一〇八頁。

附注：武官名。見第一一五頁。

右將軍印　趙食其

注釋： 趙食其，視投栩（今陝西耀縣）人。武帝時任主爵都尉，從大將軍衛青擊匈奴。元狩三年 賜爵關内侯。次年，升任右將軍，再次從衛青擊匈奴，在定襄迷失道路，按律當斬，以爵贖爲庶人。

附注： 武官名。見第一一五頁。

伏波將軍章　路博德

注釋： 簡介參見第三四頁。

附注： 西漢雜號將軍，因率兵攻打南越而得名。（伏波，山名，在今廣西桂林城東灕江西岸，一名伏波岩）東漢馬援亦號伏波將軍。

樓船將軍章　楊僕

注釋：楊僕，宜陽（今河南）人，出以千夫爲吏，被舉為御史，遷主爵都尉。武帝元鼎五年，任樓船將軍，與伏波將軍路博德等分兵數路共擊南越，大勝，封將梁侯。元封四年，與左將軍荀彘共擊朝鮮，戰敗，因損兵多當誅，贖爲庶人。後病卒。

附注：樓船將軍，西漢雜號將軍，因統率樓船征南越而得名。見第一〇九頁。

禽適将軍章

附注： 據後漢書百官志注引漢儀曰：將軍典京師兵衛，四夷屯警。

又：古適、敵通，禽適即擒敵。

橫海將軍　韓説

注釋： 韓説（？—前九一年）韓王信後裔。曾以校尉從大將軍衛青擊匈奴，因功封爲龍頟侯。旋爲橫海將軍，擊破南越，封爲按道侯。因掘蠱於卫太子宮，为太子所杀。

附注： 西漢雜號將軍，出征東越時設置。見第一〇九頁。

貳師將軍章　李廣利

注釋：簡介參見第四〇頁。

附注：西漢雜號將軍。因率軍討伐大宛城而得名。貳師，地名。大宛屬地，在今吉爾吉斯斯坦南部的馬爾哈馬特。

因杇將軍章　公孫敖

注釋：簡介參見第三二頁。

附注：西漢雜號將軍。因征伐築置，塞外受降地因杇（匈奴地名）以名將軍（杇即杅）。

度遼將軍　範明友

注釋： 範明友（？—前六六年）　隴西人，霍光女婿。事昭帝時爲中郎將，元鳳三年以中郎將拜度遼將軍，擊烏桓有功，封平陵侯，食二千戶。宣帝時徙光祿卿。地節四年，因參與霍氏謀反，事敗自殺。坐謀反罪，誅族。國除。

附注： 度遼將軍，臨時設置的軍隊將領，固度遼水擊烏桓而名。遼水即今內蒙古遼寧寧河。北周王褒詩有『遼水得難度，榆關斷未通』句。

祈連將軍　田廣明

注釋：田廣明（?-前七一年）字子公，京兆鄭縣人。武帝時以郎爲天水司馬，以功遷河南都尉，又遷淮陽太守，因平息公孫勇等謀反有功，徵爲大鴻臚。昭帝始元四年，因功賜爵關內侯，任衛尉。宣帝立，參與擁立拜爲御史大夫，封昌水侯。本始二年，以祈連將軍擊匈奴，出塞到受降城延誤戰機，因軍空還，獲罪自殺。

附注：祈連將軍，漢雜號將軍，掌征伐。祈連，原匈奴中山名。固以爲號。

蒲類將軍　趙充國

注釋：簡介參見第五一頁。

附注：漢雜號將軍，蒲類是原西域國，今新疆巴里坤湖附近。西漢神爵三年後屬西域都護府。

虎牙將軍　田順

注釋： 田順（？-前七一年）車千秋之子，長陵（今陝西咸陽東北）人。昭帝元鳳四年嗣父爵爲富民侯，官至雲中太守。宣帝本始二年，以虎牙將軍率三萬餘騎擊匈奴，因俘獲不多，盜而增之以邀功，獲罪自殺。

附注： 虎牙將軍，西漢雜號將軍，形容其�猛殺敵之狀。

破羌將軍章　辛武賢

注釋：辛武賢（？－前五三年）隴西狄道（今甘肅臨洮）人。初爲酒泉太守。宣帝神爵元年，以上破羌策拜破羌將軍，隨趙充國征羌。次年趙充國上奏，復置酒泉太守。甘露元年，復爲破羌將軍，徵調烏孫人到敦煌。旋病卒。

附注：西漢雜號將軍，因征討西羌而得名。

奮武將軍章　任千秋

注釋： 任千秋（?-前二七年）字長伯。弋陽侯任宮之子。元帝初元二年嗣父爵爲弋陽侯，四年任太常。永光二年，隴西羌人反，他爲奮武將軍助右將軍馮奉世前往鎮壓，大破之。成帝建始二年爲執金吾，遷右將軍，又爲左將軍。謚剛侯。

附注： 奮武將軍，西漢雜號將軍。東漢末，呂布亦曾任之。

建威將軍印章　韓安國

注釋：簡介參見第一〇七頁。

附注：西漢雜號將軍。

浮沮將軍　公孫賀

注釋：簡介參見第一四一頁。

附注：西漢雜號將軍。武帝元鼎六年出九原擊匈奴始置。

拔胡將軍章　郭昌

注釋： 郭昌，雲中人。武帝時以校尉屬大將軍衛青，曾多次率軍出征匈奴，官至太中大夫。元鼎六年任中郎將。元封二年，率數萬人塞瓠子黄河決口，使決口二十三年的黄河始復故道。元封四年，出任拔胡將軍，駐軍朔方以東，防御匈奴。後西南夷昆陽反漢，他又奉命往擊，戰不利，免官。

附注： 拔胡將軍，西漢雜號將軍。征讨匈奴置。

匈河將軍　趙破奴

注釋：簡介參見第三五頁。

附注：西漢雜號將軍。匈河，地名。匈河水，源出今內蒙古巴彥洪戈爾城北。

上郡將軍章　旅卿

注釋：旅卿（?－前一六六年）一作盧卿。秦漢之際，初為齊王田廣部將。漢四年，漢將韓信擊田廣，在無鹽降漢。從韓信定齊地。又從擊項羽。漢高祖八年封昌侯，文帝十四年拜爲上郡將軍，往擊匈奴。謚圉侯。

附注：上郡，地名。戰國魏置，秦時治所在膚施縣（今陝西榆林市東南）。王莽時改爲增山郡。將軍，有各種名號，權位各异。邊境及各郡、縣均有。

北地將軍　魏遬

注釋： 魏遬（？-前一六五年）　西漢開國功臣。碭人。秦末在碭加入劉邦軍，初爲舍人，後遷都尉。從劉邦入關中，還定三秦，有功，高祖八年，封爲甯侯。文帝十四年，任北地將軍從大將軍陳武擊濟北。在侯位三十五年卒。謚嚴侯。

附注： 北地，地名。秦置，治所在義渠縣（今甘肅慶陽縣西南）。西漢移治馬嶺縣（今慶陽縣西北馬嶺鎮）。北地，有武職官員之謂。

隴西將軍　周竈

注釋：周竈（？-前一六三年）碭人，初在碭加入劉邦軍爲士卒，從劉幫擊滅秦，升連敖。又入漢中，升長鈹都尉。高祖六年，封爲隆慮侯。文帝十四年，拜爲隴西將軍，從大將軍張相如抗擊匈奴，逐匈奴出塞而還。後元元年卒。謚克侯。

附注：隴西，地名。戰國秦置，治所在狄道縣（今甘肅臨洮縣），王莽改名厭戎郡，東漢復原名。隴西，此有武職官員之謂。

浚稽將軍之印　趙破奴

注釋：簡介參見第三五頁。

附注：西漢雜號將軍。以趙破奴攻匈奴，進軍至浚稽山名之。浚稽，地名，即今蒙古南戈壁省北部阿爾泰山脉東南段。

戈船將軍　嚴

注釋： 嚴，原為越人，降漢為歸義越侯。武帝元鼎五年（前一一二年），南越王相呂嘉反叛，殺害使者，朝廷任他爲戈船將軍，會同諸路兵馬前往鎮壓。

附注： 西漢雜號將軍。因率戈船征南越而得名。

翼漢將軍章　刘永

注釋：劉永（？—公元二七年）梁郡睢陽（今河南商丘）人。梁孝王劉武八世孫，更始元年歸順劉玄，拜爲翼漢將軍，嗣封梁王。後起兵成爲較强的割據勢力。劉玄敗，永自稱天子。建武二年，光武帝伐之。次年，部將慶吾斬其首而降。

下瀨將軍　甲

注釋：甲，南越人。武帝元鼎五年，南越相呂嘉不願降漢内屬，起兵反，武帝遣路博德等率軍鎮壓，他被封爲下瀨將軍，率有罪徒組成的軍隊，擊蒼梧。次年，平南越。

附注：西漢雜號將軍，武帝始置。

步兵將軍印章　王駿

注釋： 王駿，字君公，長安人。平帝元始三年（公元三年）任執金吾，在職三年遷步兵將軍。王莽居攝二年（公元八年），東郡太守瞿義舉兵反莽，以明義侯拜爲强弩將軍將兵往擊之。無功而還，免官。天鳳三年（公元一六年），復以五威將奉使西域，爲焉耆伏兵擊殺。

附注： 西漢雜號將軍。

大將軍長史印　公孫遺

注釋： 公孫遺（？前—八〇年）　武帝時任光祿大夫。征和元年（前九二年），代理少府。後元二年（前八七年），又代理衛尉。昭帝立，改任大將軍長史，元鳳元年（前八〇年），與上官桀父子、桑弘羊等合謀刺霍光，廢昭帝，事情敗露，被誅。

附注： 長史，官名。戰國末年秦已置，歷代各官府都設有長史，職責隨各級官階而不盡同，爲總管事務之職。大將軍長史實將軍府稱幕（或寫作莫）府文職屬官。

大將軍軍司馬　楊廠

注釋：簡介參見第四五頁。

附注：軍司馬，官名。將軍幕府武職屬官。掌管軍事、軍需等事。

大將軍軍武庫令 杜欽

注釋：杜欽，字子夏，杜延年子，南陽杜衍人。少好經書，家富麗，一目盲，故不好爲官。成帝時爲大將軍軍武庫令。後因侄子與皇太后妹私通，自免家居。成帝時旋徵詣大將軍幕府，參議朝政。後優游不仕，以壽終。

附注：軍武庫令，官名。亦稱武庫令。將軍幕府武軍隊系統的屬官。系掌管武器庫房專職官。

軍正丞印　胡建

注釋： 胡建，字子孟，河東（今山西夏縣西北）人。武帝天漢間，代理南北軍正丞，任職期間，盡忠職守，以敢斬川北軍圍牆爲商業區的監軍御史而顯名。昭帝時爲渭城令，甚有治名。

附注： 軍正，官名。將軍幕府內軍中政務文職佐官。

驃騎將軍司馬　趙破奴

注釋： 見第三五頁。

附注： 驃騎將軍幕府屬官，掌管軍事、軍需等事務，在校尉之下。

右將軍長史印　姚尹

注釋： 姚尹（？-前三二年）西漢將領。成帝時任右將軍長史，出使匈奴。建始元年，離開匈奴回漢，半途遇雷雨，遭雷擊身亡。

附注： 右將軍，官名。戰國已有，秦時沿設，漢不常置。位僅次於上卿。職務或典京師兵衛，或屯兵邊境。

車騎將軍軍市令　邴吉

注釋：簡介參見第六〇頁。

附注：車騎將軍幕府屬官，武官，掌軍中交易。

軍中司馬　王尊

注釋：王尊，字子贛，涿郡高陽人。少孤，牧羊澤中，自學能通史書。曾任書佐、郡決曹史、幽州刺史從事、遼西鹽官長。元帝初，遷虢邑令，轉槐里令，擢爲安定太守。復爲護羌將軍轉校尉，後爲郿令、益州刺史、東平相。擢爲司隸校尉、諫大夫、守京輔都尉。成帝建始四年，任京兆尹。又以他爲徐州刺史，遷東郡太守。在黄河氾濫之時，身當水沖，搶修河堤，受朝廷嘉獎。病卒於任上。

附注：軍中司馬，專管軍事的屬官。有中軍司馬、上軍司馬、營軍司馬等。

營軍司馬　谷永

注釋：谷永（?-前八年）原名并，字子雲，長安（今陝西西安）人。少為長安小吏，博學經書，御史大夫繁延壽聞其才名，舉爲太常丞。成帝時擢爲光祿大夫。後歷任營軍司馬、涼州刺史、太中大夫、光祿大夫給事中。元延元年，出任北地太守。後又徵爲大司農。以病免，卒於家。

附注：營軍司馬，專管軍事的屬官。見第一五〇頁。

軍假侯丞　杜勳

注釋：杜勳，西漢諸侯。原爲軍吏，供職西域。元帝建昭三年，西域督護甘延壽發兵擊匈奴郅支單于，任軍假候丞，曾手斬郅支。平帝元始五年，追賞前功，封討狄侯。

附注：軍假侯丞，古代縣、邑邊地，負責軍事的副職官員。

車騎將軍長史　趙充國

注釋：簡介參見第五一頁。

附注：車騎將軍幕府屬官，在從事中郎之上。掌管府內事務。

假司馬印　趙充國

注釋： 簡介參見第五一頁。

附注： 假司馬，官名。漢官名凡加『假』者，均副貳之意。假司馬即司馬的副貳。亦稱軍假司馬。

奉常之章　叔孫通

注釋： 叔孫通（?-約前一八九年）　秦末薛（今山東滕縣）人。秦時以文學徵召爲待詔博士。漢朝建立後，他雜采古禮和秦代制度，與儒生共立朝儀，任奉常。高祖九年，徙太子太傅。惠帝即位，復改任奉常，制定漢宗廟儀法。約于惠帝六年卒於任上。

附注： 奉常，官名。秦置。掌宗廟禮儀的官員，漢取『尊大』之意，漢景帝中元六年更名太常。王莽時，改太常爲『秩宗』，漢末又復原名。屬官有太樂、太祝、太常、太史、太卜、太醫六令及丞。

太常印章　吳利

注釋： 吳利，西漢諸侯。景帝時爲軑侯，於中元五年任奉常，次年改太常。在職四年罷官。

附注： 太常、官名。見第一五五頁。

太常丞 徐偃

注釋： 徐偃，申公弟子，西漢博士。武帝時官膠西中尉。元鼎二年，奉使與博士褚大等分曹循行郡國，檢舉封國私鑄錢者。後又奉命循行郡國風俗，還，徙為太常丞。

附注： 太常丞、官名。見第一五五頁。

太常掌故

晁錯

注釋： 晁錯（前二〇〇年－前一五四年）潁川（今河南禹縣）人。初從張恢學申不害、商鞅『刑名』之術。文帝時，以文學舉爲太常掌故。文帝時，受《尚書》於伏生。後歷任太子舍人、門大夫、博士、太子家令等職。吴楚等七国以诛晁錯爲名，發動七國之亂，他爲袁皿等所誣，被殺。

附注： 太常，官名。見第一五五頁。又掌故，亦官名。漢文學官之一種，比文學掌故略高。掌管典章制度的故實。

太常博士　劉韶

注釋：劉韶曾任太常博士，改太史，與諸儒修書，遷爲令。

附注：太常博士，古官職名。太常寺屬官有博士，掌教弟子，分經任職，如《詩》，分魯、齊、韓三家，各置一人；國有疑事，則備咨詢，秩四百石，漢宣帝增爲六百石。

太史令印　司馬遷

注釋： 司馬遷（約前一四五或前一三五年－？）字子長，夏陽（今陝西韓城南）人。司馬談子。幼年從父耕牧於家鄉，元鼎六年，任郎中，奉命出使巴蜀以南。次年，受父遺命，準備撰寫《史記》。元封三年，承父職爲太史令。後因爲李陵降匈奴事辯解，觸怒武帝。家貧不能自贖，遂下獄受腐刑。出獄後爲中書令，尊寵任職發憤著成《史記》。

附注： 太史令，官名。秦、漢爲太常所屬，諸令長之一，爲太史署之長官秩六百石，又稱太子公。

另注： 『太史公牛馬走』句的『公』乃『令』之誤。

渭陵食官令印　馮參

注釋： 馮參，字叔平，馮奉世子。少通《尚書》。初爲黄門郎給事中。元帝末，以外戚初補渭陵食官令，以數病徙爲寢中郎。陽朔中，中山王來朝，參擢爲上河農都尉。病免官，復爲渭陵寢中郎。成帝時遷代郡太守。數年後因病免。不久復爲諫大夫。因立定陶王爲太子，封爲宜鄉侯。旋貶爲關内侯。哀帝即位，因受馮太后冤獄牽連，自殺。

附注：（一）渭陵：地名。在今陝西咸陽市東北。西漢元帝劉奭葬此。

（二）食官：官名。西漢時有厨長丞，當爲後來的食官令所替代。

渭陵寢中郎印　馮參

注釋：簡介參見第一六一頁。

附注：(一) 渭陵，地名。見第一六一頁。

(二) 寢中郎，官名。漢制，諸帝王墳墓的陵園，置寢宮，设寢官爲日常獻祭。寢令即掌其事，寢即爲其屬官。

高寢令印　韋方山

注釋：韋方山，西漢官吏。魯國鄒人。扶陽節侯韋賢長子。曾爲高寢令。早卒。

附注：高寢令，官名。見第一六二頁。

高寢郎印　車千秋

注釋：簡介參見第四三頁。

附注：郎，官名。古代時對帝王侍從官的通稱。『郎』即古『廊』字，指宫廷走廊。郎官職責原爲護衛陪從，隨時建議，備顧問及差遣，戰國已有，秦漢沿置，有議郎、中郎、侍郎、郎中等。或可稱爲郎吏。見第一六三頁。

協律都尉　李延年

注釋： 李延年，中山（今河北定縣）人。李廣利之弟。初掌犬監，以其妹李夫人得寵于武帝，官侍中，善歌，爲新變聲。時武帝方興建天地諸祠，欲撰樂詩用以歌頌演唱，他便承意新造樂章，深得武帝寵倖，佩二千石印，爲協律都尉。李夫人卒，被族誅。

附注： 協律都尉，官名。武帝以李延年善新聲，爲之置此官，亦稱協律郎。無隸屬官署，當時爲臨時官名，不常設。

郎中令印　王恬啟

注釋： 王恬啟（?—前一七七年或一六〇年）高祖五年任郎中柱下令。後遷衛將軍，從高祖平定陳豨叛亂。十一年，任廷尉。惠帝時調任梁國相。高后四年封山都侯。文帝前元三年卒。一說文帝後元四年卒。謚貞侯。

附注： 郎中令，官名。秦始置，漢沿置，爲皇帝左右親近的高級官職。掌守衛宮殿門户。所屬有大夫、郎、謁者及期門、羽林宿衛官。武帝太初元年改名光禄勳。

光祿勳印　徐自爲

注釋： 徐自爲，西漢武帝時將領。元狩四年以校尉從驃騎將軍霍去病擊匈奴，有功，爵左庶長。六年爲郎中令。太初元年，更爲光祿勳。三年，匈奴句黎湖單于立，武帝使其出五原塞數百里，遠者千里，築城障，以備匈奴。

附注： 光祿勳，官名。秦稱郎中令。武帝太初元年稱光祿勳爲九卿之一。掌守衛宮殿門户，爲侍從之官。屬官有大夫、郎、謁者、期門、羽林等。見第一六六頁。

右將軍光祿勳　張安世

注釋： 簡介參見第三七頁。

附注： 官名，光祿勳屬官。爲兩漢重號將軍之一。見第一六七頁。

車騎將軍光祿勳之印　張安世

注釋：簡介參見第三七頁。

附注：官名。見第一六七頁。

散騎光祿勳章　于永

注釋：于永（？-前二一年）西漢大臣。于定國之子。初因其父關係，被任爲侍中郎將、長水校尉。元帝永光四年嗣父爵爲西平侯，爲散騎光祿勳，官至御史大夫，娶宣帝長女館陶公主。成帝欲以爲相，未拜已卒，謚頃侯。

附注：散騎，官名。秦置，漢沿置，無常員。光祿勳屬官，可直接向皇帝提出規谏，不算犯上，起到諫議的作用。

太中大夫印章　陸賈

注釋：陸賈，楚人。西漢辯士。以客從高祖定天下，有口才，居左右。曾奉命出使南越，說服南越王尉佗歸漢稱臣，拜爲太中大夫。惠帝時吕后擅權，稱病家居。文帝時，召爲太中大夫，再次出使南越，使尉佗去帝號。撰有《新語》、《楚漢春秋》。後以壽終。

附注：太中大夫，文官名。秦置，掌論議，漢以後各代多沿置。

侍中太中大夫　劉歆

注釋： 劉歆（約前五三－二三年）字子駿，後改名秀，字穎叔，沛人。少以通《詩》、《書》，能屬文，成帝召用爲黃門郎。河平時，受詔與父劉向共領校秘書。向卒，繼為中壘校尉。哀帝初，薦舉爲侍中太中大夫，遷騎都尉，奉車光祿大夫。平帝即位，王莽執政任右曹太中大夫，遷中壘校尉、羲和、京兆尹。封爲紅休侯。王莽代漢後，拜爲國師，封爲嘉新公。地皇二年，因謀殺王莽事泄，自殺。

附注： 侍中：官名。秦始置，漢沿置。是列侯以下至郎中的加官，無定員。掌侍皇帝左右，出入宮禁。任務很雜，地位貴重。

右曹太中大夫印　劉歆

注釋：簡介參見第一七二頁。

附注：右曹，官名。漢郡與縣分曹（曹即官署或部門）分左右曹，爲加官，爲尚書辦事，又稱諸曹。右曹還分功曹、五官曹、督郵。主簿爲右曹。

太中大夫給事中　東方朔

注釋： 東方朔（前一五四—前九三年）字曼倩，平原厭次人。博學廣識，喜經術。武帝初，拜爲常侍郎。初待詔公車，改待詔金馬門，後遷太中大夫給事中。善辭賦，性詼諧。常以滑稽怪異的動作言辭諷諫武帝，帝甚親近，然終不得重用。遂作《答客難》、《非是先生之論》自解嘲。後病卒。

附注： 給事中，官名。秦置，以在殿中給事（執事）備顧問應對，討論政事，故名。位在中常侍之下。

左曹太中大夫　夏侯兼

注釋： 夏侯兼，西漢官吏。魯東平人。名儒夏侯勝之子。宣帝時，官至左曹太中大夫。

附注： 左曹，太中大夫的官名。見第一七三頁。

中大夫印　泄公

注釋：泄公，西漢官吏。姓泄，名佚考。公爲敬稱。高祖時曾任中大夫。與趙王張敖之相貫高爲同鄉。貫高謀刺劉邦，劉邦命他以鄉誼審貫高，遂得實情。

附注：中大夫，官名。戰國時置，秦光祿勳屬官，武帝太初元年改名光祿大夫，爲郎中令屬官，掌論議。

光祿大夫印　劉辟彊

注釋： 劉闢彊（？-前八五年）字少卿。好讀書能屬文。武帝時，以宗室隨二千石論議，其策議每出宗室之上。昭帝即位，由大將軍霍光所擇，舉茂才，爲光祿大夫，守長樂衛尉。後徙爲宗正，數月卒。

附注： 光祿大夫，官名。屬光祿勳。見第一六七頁。

光祿大夫給事中　張猛

注釋：張猛（?-前四〇年）字子遊，漢中成固人。張騫之孫。爲儒者周堪門生。元帝時周堪任光祿勳，他任光祿大夫給事中。疾惡如仇，剛直不阿，引起宦官弘恭、石顯及外戚許、史不滿，屢用屢貶。永光四年，復起爲太中大夫給事中，爲石顯等所譖，自殺於公車。

附注：光祿大夫與給事中，雙重官名，見第一六七、一七四頁。

侍中光祿大夫　張放

注釋： 張放（?-前七年）　杜陵人。成帝建始元年嗣父爵爲富平侯。以母爲元帝妹敬武公主而得寵于成帝，任侍中中郎將，監平樂屯兵，置幕府，儀仗堪比將軍。娶皇后弟平思侯許嘉之女，後因寵而驕橫，數爲大臣奏劾，成帝不得已，貶爲北地都尉、天水屬都尉，僅數月，又召爲侍中、侍中光祿大夫。成帝卒，哭泣而死。謚思侯。

附注： 官名。見第一六七頁。

騎都尉奉車光祿大夫　劉歆

注釋：簡介見第一七二頁。

附注：騎都尉，統領騎兵的軍官。奉車光祿大夫，侍從皇帝出入，掌供奉車駕輿的散官。

散騎騎都尉光祿大夫　趙平

注釋： 趙平（?-前六六年）西漢官吏。大臣霍光之女婿。宣帝時任散騎騎都尉光祿大夫。光卒，其妻顯毒殺許皇后事泄，宣帝收其騎都尉印綬。地節四年因參與霍氏謀反罪被誅。

附注： 官名。職責、性質與前頁職官近似。

左曹中郎將光祿大夫　段會宗

注釋： 段會宗（前八四-前一〇年）字子松。天水上邽人。元帝竟甯元年出任西域都護、騎都尉、光祿大夫，西域各族敬其威信。三年期滿返漢，任沛郡太守，徙雁門太守。成帝陽朔中，繼續出任獨戶。期滿返漢後又任左曹中郎將、光祿大夫，率兵平定烏孫貴族內部的爭亂。因功賜爵關內侯。病卒於烏孫中，諸國爲其發喪立祠。

附注： 光祿勳屬官。見第一七六頁。

諫大夫印　杜延年

注釋：簡介見第三八頁

附注：諫大夫，官名。秦初期置諫大夫，屬郎中令，職掌議論。漢武帝沿襲秦制，屬光禄勳，東漢光武帝時改爲諫議大夫，仍屬光禄勳。總領宫内一切，屬官有大夫、議郎、中郎、給事中。五官左右中郎時，郎中有車、户、騎三將。郎官有期門、羽林），以及謁者等。

諫大夫給事中　蔡千秋

注釋：蔡千秋，西漢儒生。字少君，沛人。曾從榮廣受《穀梁春秋》。昭帝時任郎官。宣帝立，因善《穀梁春秋》，擢爲諫大夫給事中。後因過，貶平陵令。宣帝復求能說《穀梁傳》者，莫及於他，乃復以爲郎中戶將，選郎十人從其學。病卒。

附注：諫大夫，官名。見第一八三頁。

散騎諫大夫　張延壽

注釋：張延壽（?-前五二年）杜陵人。宣帝時歷任中郎將、侍中。地節四年，外任北地太守。明年，宣帝憐其父安世年老，復召爲左曹太僕。在任四年，因病免職。元康四年，嗣爲富平侯，歲入租豐厚，以己無功德，數上書請減，遂減半。在侯位十一年卒，謚愛侯。

附注：諫大夫，官名。見第一八三頁。

散騎諫大夫給事中印　劉向

注釋： 劉向（前七七－前六年）　本名更生，字子政。沛人。年十二爲輦郎，二十歲入諫大夫。宣帝時，與王褒、張子僑等名儒進見而對詔命，獻賦頌數十篇，爲帝所賞識，遷散騎大夫給事中。元帝時，任散騎宗正給事中，於事中金敞並拾遺於左右。曾兩次入獄，罷官數年。成帝即位，復被起用，改名爲向，拜中郎，後遷光祿大夫，官至中壘校尉。年七十二歲卒。

附注： 官名。見第一八三頁。

中郎諫大夫　雲敞

注釋： 雲敞，字幼孺，平陵（今陝西咸陽）人。師事同縣吴章。後吴章因王宇事坐斬，磔尸東市門。初，章爲當世名儒，教授尤盛，弟子千余人，皆當禁錮，不得仕宦。雲敞時爲大司徒掾，收抱章尸歸，棺斂葬之，京師稱焉。車騎將軍王舜，薦爲中郎諫大夫。莽篡位，王舜爲太師，復薦敞可輔職。以病免。后歷任魯郡大尹、御史大夫，復病免去，卒于家。

附注： 官名。見第一八三頁。

郎中諫大夫印　甘延壽

注釋：簡介見第五五頁

附注：官名。見第一八三頁。

中郎將 衛廣

注釋： 衛廣，西漢將領。武帝時爲中郎將。元鼎六年，率兵殺且蘭，平定南夷，設牂柯郡等。元封二年，奉命與將軍郭昌發巴蜀兵征滇，滇王降，置益州郡。

附注： 中郎將，官名。秦置。西漢相沿。設有議郎、中郎、侍郎、郎中等郎官。其中中郎又設五官、左、右三將，謂之中郎將，以統領皇帝的侍衛，隸屬光禄勳。宣帝時增置羽林中郎將，爲羽林郎之長。平帝時，改期門爲虎賁郎，又增置虎賁中郎將。漢末又有東、西、南、北四中郎將。東漢又有使匈奴中郎將。五官中郎等。

五官中郎將印　房鳳

注釋：房鳳，字子元，琅邪不其（今山東即墨市西南）人。曾從尹更始受《左傳》。成帝時，以射策乙科爲太史掌故。舉方正，任縣令都尉，失官。後經大司馬、驃騎將軍王根推薦，以明經通達補長史，擢光祿大夫，遷五官中郎將。與奉車都尉劉歆共校書，後出任九江太守，後至青州牧。

附注：五官中郎將，官名。見第一八九頁。

侍中中郎　王商

注釋： 見第六五頁

附注： 侍中中郎，官名。侍中秦始置，漢沿設。是列侯以下至郎中的加官，無定員。掌侍皇帝左右、出入宮禁。中郎屬郎中令（光祿勳）。其長稱中郎將，通稱中郎。（本二官合稱。）

侍中中郎將印　張彭祖

注釋： 張彭祖（?–前五九年）杜陵人。富平敬侯張安世少子，過繼給伯父張賀爲子。宣帝即位任侍中中郎將，爵關內侯。元康三年，封陽都侯，食一千六百戶。在侯位四年，卒。

附注： 官名。見第一九一頁。

左曹中郎將印　辛慶忌

注釋： 辛慶忌（?-前一一年）字子真，隴西狄道（今甘肅臨洮）人。辛武賢子，少以父任爲右校丞。在討烏孫的戰爭中，以功，拜爲侍郎，遷校尉，率兵屯紮焉耆國，還任謁者。元帝初，補金城長史。以茂材舉，遷郎中車騎將。轉校尉，遷張掖太守、酒泉太守。成帝初，征爲光祿大夫，遷左曹中郎將，至執金吾。卒於官。

附注： 漢有左右曹，爲加官，郎官屬官。見第一七三頁。

右曹中郎將　趙卬

注釋： 趙卬（?-前六一年）隴西上邽人。趙充國子。昭帝時任右曹中郎將。元平元年，昭帝亡，無嗣，他與大將軍霍光、趙充國等聯名上奏皇太后定策廢昌邑王，尊立宣帝。

附注： 官名。見第一九三頁。

散騎中郎將章　張霸

注釋： 張霸，杜陵人，西漢官吏。張湯曾孫，陽都哀侯張賀之孫。父早卒，年七歲，就因張賀有恩於宣帝而得拜爲散騎中郎將，爵關内侯，食邑三百戶。謚繆侯。

附注： 官名。見第一九三頁。

匈奴中郎將印　金參

注釋： 金參，匈奴人，西漢官吏。都成侯金安上之孫，衛尉金敞之子。哀帝時，曾爲使出使匈奴，拜爲匈奴中郎將，後曆官越騎校尉、關都尉、安定太守、東海太守。

附注： 匈奴中郎將，官名。見第一八九頁。

郎中令副中郎將印章　張勝

注釋： 張勝，西漢官吏。武帝天漢元年以中郎將爲蘇武副使出使匈奴，背蘇武私下與虞常等密謀劫單于母閼氏歸漢，事發，虞常被殺，降匈奴，而蘇武被扣留匈奴十九年。

附注： 郎官屬官。

郎中戶將

蓋寬饒

注釋： 蓋寬饒（？—前六〇年）字次公，魏郡（今河北臨漳西南）人。以明經爲郡文學，舉孝廉爲郎。宣帝時舉方正，遷諫大夫、行郎中戶將事，後擢爲司隸校尉。後因反對皇上信任中尚書宦官，不合上意而被下吏懲處，他引刀自殺。

附注： 郎官屬官。

郎中右曹　劉德

注釋：劉德（?-前五七年）字路叔，修黄、老之術，有智略。少時數言事，召見甘泉宮，武帝謂之『千里駒』。昭帝初，爲宗正丞，雜治劉澤詔獄。父爲宗正，徙大鴻臚丞，遷太中大夫，後復爲宗正、青州刺史。歲餘，擁立宣帝，以定策賜爵關内侯。地節中，封爲陽城侯。其子安民爲郎中右曹。

附注：郎官屬官。

騎郎將印　李廣

注釋：簡介見第一〇八頁。

附注：光禄勳屬官。亦稱郎中騎將。

騎郎　張釋之

注釋：張釋之，字季，南陽堵陽人。文帝時，納錢補爲騎郎。十年不升，欲歸，經中郎將袁盎舉薦，拜爲謁者僕射，後遷公車令。受文帝賞識，升任中大夫、中郎將，後又升任廷尉。景帝立，出任淮南國相。年老病卒於官。

附注：光禄勳屬官。隸屬於騎郎將，又稱騎常侍。

右騎將印　傅寬

注釋：簡介見第一四頁。

附注：光禄勳屬官。

右曹侍郎　薛況

注釋： 薛況（？—前三年）東海郯人。高陽侯薛宣之子。哀帝時任右曹侍郎。時博士申咸詆毀薛宣，他令人砍傷申鹹，斷其鼻，案發被徙敦煌。宣亦免爲庶人。平帝元始中，受吕寬事牽連，爲王莽殺。

附注： 郎官屬官。

謁者之章　鄂秋

注釋： 鄂秋（?–前一九三年）西漢諸侯。秦末爲謁者，後效命漢王三年因薦舉蕭何功，封安平侯，食二千戶。在位十二年卒，謚敬侯。

附注： 謁者，官名。春秋戰國時已用此稱，爲國君左右掌傳達事的近侍官。秦漢屬郎中令（漢改名光禄勳）。謁者僕射爲主官。屬官有令丞。

謁者僕射 鄧公

注釋： 鄧公，西漢官吏。名先，成固人。景帝時任謁者僕射。後以校尉參與平吳楚之反。平亂回朝，向景帝陳說誅殺御史大夫晁錯之失誤，景帝悔恨不已，並提升他爲城陽中尉。後免官。武帝建元中，復被錄用，官至九卿。在職一年，託病辭官回鄉。

附注： 官名。見第二〇四頁。

中謁者令　史立

注釋： 史立，西漢官吏。哀帝初任中謁者令。受傅太后指使，治中山定陶馮太后祝詛冤獄。求功心切，便嚴刑逼供，殺受牽連者數十人，終屈打成招。馮太后自殺，他由此升任中太僕。哀帝卒，王莽專權，追貶傅太后號，他亦被免官。徒合浦。

附注： 官名。見第二〇四頁。

中謁者丞　陳臨

注釋： 陳臨（?-二九年）西漢官吏。成帝時任中謁者丞。與司隸校尉轅豐素有怨，見豐尊顯，畏爲已害。建始四年，使人刺殺轅豐，坐罪被誅。

附注： 官名。見第二〇四頁。

內謁者令　郭穰

注釋： 郭穰，西漢武帝時宦官。任內謁者令。征和三年，他誣告丞相劉屈氂妻子祝詛上，與李廣利共禱祠，欲立昌邑王爲帝，武帝信之，殺屈氂及其妻，捕廣利妻子。後元二年，武帝病，相信望氣者所雲長安獄中有天子氣，將獄中罪犯一律處死，時皇曾孫亦被囚獄中，他欲殺之，賴獄吏丙吉保全，方得倖免。

附注： 官名。見第二〇四頁。

期門郎印　遂成

注釋：遂成，西漢中期官吏，官期門郎，曾出使西域，被樓蘭王安歸所遮殺。

附注：期門郎，官名。漢皇帝侍從官。武帝建元三年置期門的（與期會於門下意）郎官。主官稱期門僕射。平帝元始元年改期門稱虎賁郎。

諸吏中郎將羽林監印　任勝

注釋： 任勝（?-前六六年）西漢官吏。大將軍霍光次婿。宣帝時任諸吏中郎將羽林監，掌羽林軍。霍光卒後，宣帝為削弱霍氏權勢，將他外調為安定太守。地節四年，因參與霍氏謀反，被誅。

附注： 光禄勳屬官。

尚書僕射　鄭崇

注釋： 鄭崇（？—前二年）字子遊。本高密（今山東高密西南）人，後徙平陵。少爲郡文學史，遷丞相大車屬。因大司馬傅喜之薦，被哀帝擢爲尚書僕射。性剛直，數諫爭，哀帝初納用之。後為杉樹令趙昌所誣譖，下獄窮治，被拷打死於獄中。

附注： 尚書僕射，官名。秦始置，尚書爲首之官。漢成帝建始四年置尚書五人，其中一人爲僕射（其名由僕人、射人合成，本爲君主左右之小臣）。尚書令之副手爲主任或領班的意思。漢末曾添置左右僕射。

侍中僕射　莽何羅

注釋： 莽何羅（？—前八八年）後元元年與弟莽通重合侯通謀爲逆時，爲霍光與金日磾、等所擒。共誅之。原姓馬，因東漢明德馬皇后惡其先人有反，易姓莽。

附注： 侍中僕射，官名。見第二一一頁。

衛尉印章 酈商

注釋：簡介見第一一頁。

附注：衛尉，官名。戰國時始置，漢時爲九卿之一。職務是統轄衛士，衛護宮門内。景帝初更名中大人令。後元元年復爲原稱。王莽時曾改名爲太衛。其屬官有公車司馬令，丞；衛士令，丞；族賁令，丞；諸屯衛侯司馬、諸宮衛尉（長樂、建章、甘泉、未央等）。

長樂衛尉　呂更始

注釋： 呂更始（?-前一八〇年）西漢諸侯。呂后族人，單父人。秦末從劉邦起兵，先后任舍人、郎中。惠帝時任楚相。高后元年封滕侯，任長樂衛尉。呂后卒，陳平、周勃起誅諸呂，他被朱虛侯劉章持節信而斬。

附注： 官名。見第二一三頁。

建章衛尉印章　丙显

注釋： 丙顯，西漢魯國人，丙吉子。少爲諸曹，後任衛尉，遷太僕，一年爲建章衛尉。任職十余年，與官屬爲奸利，贜錢達千餘萬，宣帝甘露年間，因罪削爵降爲關内侯。後復任城門校尉。成帝鴻嘉元年，因念其父救護宣帝有功，復封其子昌爲博陽侯。

附注： 官名。見第二一三頁。

未央衛尉　李廣

注釋：簡介見第一〇八頁。

附注：官名。見第二一三頁。

侍中衛尉　王鳳

注釋：王鳳（?-前二二年）字孝卿，東平陵人。元帝永光二年，嗣父爵爲陽平侯。建昭三年爲侍中、衛尉。成帝即位，任大司馬、大將軍、領尚書事。倚仗太后以外戚輔政，專權蔽主，王氏子弟分據要職，幾滿朝廷凡十一年。病卒，謚敬成。

附注：官名。見第二一三頁。

建章監侍中印　衛青

注釋：簡介見第三〇頁。

附注：官名。見第二一三頁。

侍中建章監印　李陵

注釋：李陵（?-前七四年）隴西成紀人，字少卿。李廣之孫，善騎射，遷侍中建章監，監諸騎。武帝時拜騎都尉，自請將步騎五千伐匈奴，以少擊衆，遇敵力戰，矢盡而降。單于立爲右校王。在匈奴二十餘年而卒。

附注：官名。見第二一三頁。

衛司馬印　谷吉

注釋： 谷吉（?-前四四年）　長安人。元帝時官衛司馬。初元四年，匈奴郅支單于願內附，請遣還侍子。他奉詔爲使，送單于侍子入匈奴。至匈奴，郅支單于背盟棄言，將他殺害。

附注： 官名。見第二一三頁。

長樂屯衛司馬　馮逡

注釋： 馮逡，字子產。漢將馮奉世之子。幼時受業習『易』，舉孝廉爲郎，補謁者。元帝時，遷爲復土校尉。後歷任屯尉司馬、清河都尉、隴西太守等職。年四十而卒。

附注： 官名。見第二一三頁。

公車令印　張釋之

注釋：簡介見第二〇一頁。

附注：官名。見第二一三頁。

公車丞印　任章

注釋： 任章（?-前六六年）西漢官吏。大將軍霍光女婿代郡太守任宣之子。宣帝時任公車丞。地節四年，霍光謀廢宣帝，事情洩露，誅族，他逃匿渭城界中，夜穿玄服入服，居郎間，執戟立於廟殿門，欲刺宣帝，發覺被誅。

附注： 官名。見第二一三頁。

太僕印章　夏侯嬰

注釋： 簡介見第一二頁。

附注： 太僕，官名。始置于春秋，秦漢沿襲，王莽時更名太御，爲九卿之一，掌皇帝的輿馬和牧畜之事。太僕有丞，屬官有大廄、未央、家馬三令。另有中太僕，掌皇太后輿馬，及左右曹太僕等。

太僕右曹給事中之印　杜延年

注釋：簡介見第三八頁。

附注：官名。見第二二四頁。

左曹太僕　張延壽

注釋：簡介見第一八五頁。

附注：官名。見第二二四頁。

太僕丞印　張敞

注釋： 張敞（？–前四七年）　字子高，河東平陽人，随祖父徙居茂陵。初以鄉小吏補太守卒吏，察廉爲甘泉倉長，稍遷太僕丞，爲太僕杜延年器重。宣帝立，擢爲豫州刺史。徵入爲太中大夫，與于定國並治尚書事。歷任函穀關都尉、山陽太守。宣帝拜爲膠東相。神爵元年，入爲京兆尹，在位八年，號爲能吏。元帝即位徵入任左馮翊，未到任而病卒。

附注： 官名。見第二二四頁。

移中廄監　蘇武

注釋： 蘇武（?—六〇年）字子卿，杜陵人。蘇建次子，少以父蔭補爲郎，不久任中廄監。武帝天漢元年（前一〇〇年），奉命以中郎將持節出使匈奴，因其副使張勝參與匈奴內亂，遂被扣，不屈自殺未遂。被扣十九年，持節不屈。昭帝始元六年，漢與匈奴和親，方被釋放回朝，拜爲典屬國。宣帝立，封關內侯，不久復任右曹典屬國，並加『祭酒』之號以表彰其節操。卒，宣帝曾將其像列于麒麟閣。

附注： 官名。見第二二四頁。

騎馬令印　嚴安

注釋： 嚴安，西漢官吏。姓莊，後人避漢明帝劉莊諱改嚴，臨菑人。武帝初爲丞相史。元光中，上書陳擊匈奴之非利，武帝有相見恨晚之歎，拜爲郎中。終官騎馬令。

附注： 官名。見第二二四頁。

駿馬監印　傅介子

注釋：簡介見第五二頁。

附注：官名。見第二二四頁。

中太僕印　史立

注釋：簡介見第二〇六頁。

附注：官名。見第二二四頁。

未央廄令　上官桀

注釋： 上官桀（?-前八〇年）字少叔。隴西上邽人。以善騎射從軍。初爲羽林期門郎，從漢武帝上甘泉，守北疆，驅匈奴。後元二年，武帝病，爲左將軍，與大將軍霍光共輔少主昭帝。始元二年，以功封安陽侯。因與霍光爭權，於元鳳元年以謀反罪遭族誅。

附注： 官名。見第二二四頁。

大廏丞印　咸宣

注釋： 咸宣，一作減宣。楊人。武帝時，以佐史供職于河東太守府，稍遷御史中丞。徵爲大廏丞，任職二十年。後任右扶風。到任，欲治不法屬吏誠信，信逃入上林苑。他命扶風縣令帶兵入上林殺信，箭中苑門，遂以大逆罪下獄，自殺。

附注： 官名。見第二二四頁。

廷尉之印　義渠

注釋： 義渠，西漢官吏。高祖五年爲廷尉。

附注： 廷尉，官名。秦置，漢沿置，爲九卿之一。景帝中元六年更名大理。武帝建元四年復原名。哀帝元壽二年再改大理。王莽曾改名作士。東漢以后或稱廷尉、大理或廷尉急卿。職掌是管刑獄，爲最高司法官。既是官名，又是署名或獄名（廷，平也。尉，罰也）。屬官有廷尉正、左右監、左右平之外，還有廷尉史等。

大理印章 瑕更

注釋：漢景帝中元六年（前一四四年），以廷尉瑕更爲大理。

附注：官名。見第二三四頁。

廷尉正印　黄霸

注釋：簡介見第七四頁。

附注：官名。見第二三四頁。

廷尉監印　邴吉

注釋：簡介見第六〇頁。

附注：官名。見第二三四頁。

廷尉平印　馬宮

注釋：簡介見第六四頁。

附注：官名。見第二三四頁。

廷尉史印　張湯

注釋： 張湯（?-前一五五年）杜陵人。少好學律令。初爲長安吏，後爲內史掾、茂陵尉。田蚡爲相，召補爲侍御史，治陳皇后『巫蠱案』，深究株連，武帝以爲能，遷太中大夫。與趙禹共定律令，刑法殘酷。復遷廷尉。元狩二年，任御史大夫。後爲丞相莊青翟及丞相長史朱買臣等陷害，自殺。

附注： 官名。見第二三四頁。

大理正印

注釋： 大理正，官名。即廷尉正。像丞相長史和御史丞一樣，可以代表廷尉參加雜治詔獄，又可以單獨決疑獄，其地位僅次於廷尉。廷尉名大理時，廷尉正就改名大理正。

軍司空印　杜延年

注釋：簡介見第三八頁。

附注：司空，官名。西周始置。主管土地，兼管土木等建築工程。與司徒，司馬并稱三有司，爲朝廷大臣。屬官有軍司馬。

典客之印　薛歐

注釋： 薛歐（?-前一八八年）秦末從劉邦起義。入關後，任郎中。至漢中，擢任將軍。楚漢戰起，出武關，與將軍王吸共迎劉邦父太公與呂后於沛，不得，又率軍擊敗項羽部將鐘離眛。高祖六年，因功封廣平侯，在位十四年卒，謚敬侯。

附注： 典客。官名。即大鴻臚。見第二四三頁。

大鴻臚印　壺充國

注釋： 壺充國，武帝太初元年任鴻臚卿。以罪免官。曾以副使隨司馬相如出使西南夷。後從貳師將軍李廣攻大宛。

附注： 大鴻臚，官名。秦名典客。漢景帝中元六年更名大行令。武帝太初元年改名大鴻胪。王莽時稱典樂。原掌接待少數民族等事，爲九卿之一。後漸變爲贊襄禮儀之官。成帝時將典屬國所轄職務并入。屬官有行人、譯官、别火二令丞。

大行令印　李息

注釋：簡介見第一一〇頁。

附注：大行令，官名。即大鴻臚。見第二四三頁。

大行丞印　蕭望之

注釋： 蕭望之（?-前四七年）字長倩，東海蘭陵人。好學。曾隨後倉學《齊詩》，隨夏侯勝學《論語》、《禮服》，爲京師諸儒者稱許。宣帝時，補為大行丞，遷爲謁者、諫大夫、丞直司直、大鴻臚、御史大夫，以『廉聲不聞，傲慢不遜』，左遷爲太子太傅。元帝即位，大受器重，因主張中書宜用士人，得罪中書令弘恭、石顯，遭陷害，自殺身亡。

附注： 大行丞，官名。見第二四三頁。

大行治禮丞　平當

注釋：平當，字子思。平陵人。以明經爲博士。成帝時以其明悉《禹貢》，要他巡行河道，並任命他爲騎都尉，治理河堤。哀帝即位，徵爲光祿大夫、遷御史大夫。官至丞相，賜爵關內侯。正當賜封時患病不起，未接受賜封，月餘後卒。

附注：大行治禮丞，官名。即大行丞。見第二四三頁。

宗正之印　劉郢客

注釋： 劉郢客（?—前一七六年）楚元王劉交之子。任宗正，高后二年，封上邳侯。文帝前元二年嗣父爵爲楚王。卒，謚夷侯。

附注： 宗正，官名。秦置，漢沿設。爲九卿之一。掌皇室親族，多由皇族中人充任，爲皇族事務機關的長官。漢平帝元始四年（前四年），更名宗伯，屬官有司空令丞，内官長丞及諸公主家令，門尉等。王莽改爲秩宗。東漢設宗正卿。

宗伯印章　劉容更

注釋： 劉容更，平帝元始四年（公元四年）爲宗伯，一年免。

附注： 官名。《尚書·周官》『宗伯掌邦理，治神人，和上下。』亦作『大宗』、『上宗』。參見第二四七頁。

都司空印　梁丘賀

注釋：梁丘賀，字長翁，西漢琅琊諸縣人。初爲都司空令，漢宣帝時徵召爲郎，漸爲太中大夫、給事中，至少府。爲人善於心計，處事慎密，精于《易》學。年老卒於官。其子梁丘臨，西漢經學家，漢昭帝時官至黃門侍郎，亦精《易》學。

附注：官名。見第二四七頁。

宗正丞印　劉德

注釋：簡介見第一九九頁。

附注：官名。　見第二四七頁。

散騎宗正給事中印　劉向

注釋：簡介見第一八六頁。

附注：官名。見第二四七頁。

治粟內史章

注釋： 治粟內史，官名。秦置。爲九卿之一，掌穀貨，秩兩千石，屬官有兩丞。漢沿置。景帝後元元年，更名大農令，武帝時復更名大司農。王莽時改爲羲和，後又改爲納言。東漢復爲大司農。

大農令印　韓安國

注釋：簡介見第一〇七頁。

附注：大農令，官名。見第二五四頁。

大司農　韓安國

注釋： 簡介見第一〇七頁。

附注： 大司農，官名。秦名治粟内史，西漢沿置，爲九卿之一。景帝後元元年改名爲大農令。武帝太初元年更名大司農。王莽改名羲和，又改爲納言。掌財政經濟的官吏有兩個司農領天下錢穀，供國之常用。少府管池澤之税及關市之資，以供天子。屬官有太倉令、丞，均輸令、丞，平准令、丞，藉田令、丞、諸倉、農監、都水等。

大司農中丞印　耿壽昌

注釋： 耿壽昌，西漢官吏。宣帝時，任大司農中丞，故又稱『耿中丞』。曾建議在邊郡設置『常平倉』。以利農業和邊民遂被封爲關内侯。又精通天文曆算之學。曾著有《月行帛圖》、《月行度》，今均亡佚。

附注： 官名。見第二五四頁。

騪粟都尉　桑弘羊

注釋： 桑弘羊（前一五二—前八〇年）　河南洛陽人。武帝元年，任騪粟都尉，大司農，曾主持訂立鹽鐵酒類的官營專賣政策。征和四年，與丞相劉屈氂奏請增加輪臺屯田吏卒。昭帝即位，任御史大夫，與霍光等同受顧命輔政。始元六年，帝詔問郡國所舉賢良文學民間疾苦，言者皆請罷鹽、鐵、酒專賣及均輸官。後桓寬集論辯之辭，爲《鹽鐵論》。次年，與燕王旦、上官桀父子謀反事敗，族誅。

附注： 騪粟都尉，官名。武帝時軍官，專管徵集軍之事。不常置。見第二五四頁。

稻田使者　燕倉

注釋： 燕倉（？—前七五年）昭帝元鳳元年七月，以假稻田使者，先發覺左將軍上官桀等謀反，告大司農楊敞，得封宜城侯。卒時謚戴侯。

附注： 官名。見第二五四頁。

大司農丞　朱邑

注釋： 朱邑（?-前六一年）字仲卿，廬江舒人。少時爲舒桐鄉嗇夫，後纍遷大司農丞、北海太守，以治行第一拜爲大司農，深爲朝廷器重。宣帝神爵元年卒。

附注： 官名。見第二五四頁。

都內令印　尹翁歸

注釋： 尹翁歸，字子兄，河東平陽人。初爲獄吏，通曉法律，喜擊劍。調任平陽市吏。昭帝元鳳年間，酷吏田延年爲河東太守，用爲卒吏，不久升任督郵。後曆官都內令、弘農都尉、東海太守。宣帝元康元年，召拜爲右扶風。在任四年卒，死後家無餘財。

附注： 官名。見第二五四頁。

治粟都尉　韓信

注釋：簡介見第一頁。

附注：官名。又名搜粟都尉，掌管生産軍糧等事。

少府之章　陽城延

注釋：陽城延（？—前一八二年）陽城，復姓。秦末從高祖起兵于郏，入漢後爲少府，曾主持作長樂宫、未央宫，又築長安城。高后元年，因功封梧侯，在位六年卒，謚齊。

附注：少府，官署名。始於戰國，秦漢相沿，爲九卿之一。掌山海地澤收入和皇室手工業製造，爲皇帝的私府。少府機構大，屬官多超過大司農，在諸卿中居第一位。屬官有尚書、符節、太醫、太官、湯官、導官、樂府、若盧、考工、左弋、居室、左右司空、東織、西織、中書、謁者、黄門、内者、宦者、上林等。歷代多沿其制，至明廢。

少府監印

附注：少府監，官署名。至隋煬帝大業五年分太府寺置少府監，主官为監、少監，秩分别爲從三品、從四品、統左尚右尚、内尚、司織、司染、鎧甲、弓弩、掌治等署。

中少府印　韓勳

注釋： 韓勳（？-前一三年）字長賓，杜陵人。成帝河平元年任左馮翊，三年爲少府。鴻嘉四年遷執金吾。永始二年爲光祿勳，次年升右將軍。

附注： 中少府，官署名，即皇后宫中之少府。

尚書令印　姚恂

注釋： 姚恂，初爲尚書令，平帝元始元年，以奉迎建策有功，賜爵官內侯。王莽即位，被封爲初睦侯。始建國二年任甯始將軍，次年免。

附注： 尚書令，官名。尚書臺（省）的長官。秦置，屬少府。漢沿置，秩六百石。職掌贊奏，總領紀綱，無所不統。

符節令印　眭弘

注釋： 眭弘（?-前七八年）字孟。魯國蕃（今山東騰縣）人。少時任俠，爲鬥雞走馬之事，長改掉惡習，學《春秋》於嬴公。後以明經爲議郎，官至符節令。昭帝元鳳三年，以妄設妖言惑衆，大逆不道罪，被誅殺。

附注： 符節令，官名。西漢置，爲少府屬官。凡出命遣使掌給授符節。屬官有尚符璽郎中，符節令史。

尚符璽郎

注釋： 官名。符璽，古代帝王的印信。有時也指諸侯王的印信。僕射、御史治書尚符璽者，有印綬。見第二六五頁。

大官丞印

注釋： 官名。秦漢時，御厨的首領稱爲大官令，下設大官丞、胞人、胞人丞。其副官稱厨丞，即太官丞。大與太通。

大官獻食丞印　陳湯

注釋：陳湯，字子公，山陽瑕丘人。少好書，博達善屬文。至長安求官，與富平侯張勃交善，勃高其能，初元年間，以薦爲郎，數求出使，遷西域副校尉。元帝建昭三年，他和西域都護甘延壽共率屯田吏士及西域諸國兵，分道攻匈奴，大獲全勝。歸封關内侯，遷射聲校尉。成帝即位，免官。建始四年，任從事中郎。成帝末，還長安，病卒。平帝元始五年，爲追褒其功，贈謚破胡壯侯。

附注：官名，即太官獻丞。爲少府太官令屬官，主貢獻物事。

若盧右丞　王吉

注釋： 王吉，字子陽，琅邪皋虞人。少好學明經，以郡吏舉孝廉爲郎，補若盧右丞，遷雲陽令。景帝時曾任臨邛令。舉賢良為昌邑中尉。宣帝初爲益州刺史。

附注： 若盧，官名。漢少府屬官，主藏兵器，及掌詔獄。有令丞，丞有左右丞。

東織室令史印　張赦

注釋：張赦（?-前六六年）宣帝時任東織室令史，與霍光侄孫霍雲之舅李竟相善，曾爲李竟出謀，與霍氏共圖謀反。地節四年，霍氏謀反被族誅，他亦被殺。

附注：官名。東織室另有西織室，職掌凡蠶絲絮以作祭服、宗廟群神五時服、皇帝縷縫衣等。令外有丞。見第二六一頁。

平樂監印　傅介子

注釋：簡介見第五二頁。

附注：監，原古官名。漢代始置機構，有國子、少府、軍器、將作、都永五監。

中書謁者令印

注釋： 官名。漢九卿之一少府屬官。簡稱中書令，爲武帝所置，系以宦官典事尚書。漢成帝時，更名中書謁者令，更以士人爲之，掌宮廷事務，東漢因之。

中書謁者僕射

注釋：官名。中書之名，因武帝遊宴後庭，始以宦者典事尚書，謂之中書謁者，置令、僕射，宮廷内侍官，掌出入奏事，位次中書謁者令。古者重武官，以善射者掌事，僕役於射事也。

中書令印 司馬遷

注釋：簡介見第一六〇頁。

附注：中書令，官名。武帝時以宦官擔任，掌傳宣詔書。西漢後期改爲中謁者令。

黄門郎給事中　馮參

注釋： 簡介見第一六一頁。

附注： 黄門郎，官名。凡禁門黄闥，故號黄門。其官給事於黄闥之内，曰黄門侍郎，簡稱黄門郎。凡在黄門辦公的都可加黄門號，掌管種種復雜繁多事務。給事中，因給事殿中，備顧問應對討論政事，故名。一種加官。

黄門侍郎　李尋

注釋： 李尋，字子長，平陵人。曾從儒生張山拊受小夏侯《尚書》，與張孺、鄭寬中同學。好《洪範》災異之説，又學天文陰陽。哀帝即位，薦爲待詔黄門，每有非常，以其顧問，並因他言將有洪水災害，拜爲騎都尉，使護河堤。建平二年，哀帝有疾，他推薦夏賀良待詔，旋以其言無驗而廢，夏伏誅，他流徙西域。

附注： 黄門侍郎，官名。見第二七五頁。

中御府令　高昌

注釋：高昌，昭帝時任中御府令。昭帝卒，昌邑王劉賀立，荒淫無道，寵用昌邑舊屬，曾使他奉黄金千斤賜原昌邑侍中君卿。

附注：中御府令，官名。西漢時掌管宫中宫婢製作衣服及補浣之事，由宦官充任，秩六百石。

掖庭令印　張賀

注釋： 張賀，杜陵人。武帝時爲衛太子家吏。坐衛太子巫蠱案下獄論死，賴弟安世上書，免死，受宮刑。昭帝時任掖庭令，時皇曾孫出獄後養於掖庭，他奉養甚謹。後宣帝即位，雖他已早卒，感念舊恩，追謚爲陽都哀侯。

附注： 掖庭令，官名。内廷宮人之官，有令、丞。宦官爲之，掌後宮貴人彩女事。

少府海丞

注釋： 官名。少府屬官。漢平帝元始元年置。少府海丞、果丞各一人，主要負責海與果實稅徵收。

少府果丞

注釋：果丞，官名。见第二七九页。

中尉印章　周昌

注釋： 簡介見第一八頁。

附注： 中尉，官名。戰國趙國時設置，掌薦舉人才等事。秦漢爲武官，掌京師治安。武帝太初元年改稱執金吾。王莽時名奮武，東漢復名。此官名稱與職掌多變。屬官有中壘、寺互、武庫、都船、左右京輔都尉。將軍之下的武職是尉，有中尉、衛尉、都尉、校尉等。

執金吾章　杜周

注釋：杜周（?-前九四年）字長孺，河南南陽杜衍人，武帝元封二年任廷尉史，因得武帝賞識，升任御史中丞。天漢二年，免廷尉之職，更爲執金吾。三年，以捕治桑弘羊等有功，升御史大夫。

附注：執金吾，官名。秦名中尉，漢武帝時改稱執金吾。師古曰：金吾，鳥名也，主闢不詳。天子出行職主先導，以御非常，故執此鳥之象，因以名官。見第二八一頁。

京輔都尉　趙廣漢

注釋： 趙廣漢（？—前六七年）字子都，涿郡蠡吾人。少時爲郡吏、州從事，才識敏捷。經地方推薦，任陽翟令，遷京輔都尉，守京兆尹。昭帝卒，因擁立宣帝功，封關內侯，遷潁州太守。本始二年（前七二年），從蒲類將軍趙充國擊匈奴。地節三年（前六七年），因冒犯丞相魏相被腰斬。

附注： 京輔都尉，官名。執金吾屬官。掌兵防安全之事。漢武帝元鼎四年更置左右輔都尉。見第二八一頁。

左輔都尉印　尹賞

注釋： 尹賞（?-前三年） 字子心，鉅鹿楊氏人。以吏郡察廉舉爲樓煩長，又舉茂才任粟邑令，徙頻陽令。因殘忍免官。成帝永始元延年間，長安城中賊盜横行，他以三輔高第選守長安令，窮治奸惡，視事僅數月，京城社會秩序大治，調任江夏太守，以坐殘殺免官。後復起用爲左輔都尉，遷執金吾。病卒于任上。

附注： 官名。見第二八三頁。

右輔都尉　王訢

注釋： 簡介見第四四頁。

附注： 右輔都尉，官名。見第二八三頁。

武庫令印

注釋：武庫令，官名。漢執金吾屬官，掌京師中央武庫所藏兵器。佐官有三丞。另洛陽及大將軍府亦置武庫令，分掌各處武庫。東漢沿置。見第二八一頁。

中司馬　季心

注釋：季心，彭城人。名將季布之弟。年少時以俠客自任，講義氣，抑強扶弱，待人恭謹，漢文帝時曾殺人，逃亡至吳，匿于吳相袁盎處。後得赦，舉爲郎。景帝前元七年遷爲中尉元司馬。以勇著名當世。

附注：中司馬，官名。是中尉司馬合稱。中尉，原秦名。武帝太初元年更名執金吾，主要執掌宮殿外、京城内的警衛工作。皇帝出行時充任護衛及儀仗隊。司馬，西周始置，掌管軍事、軍需等事。

太子太傅章　叔孫通

注釋： 簡介見第一五五頁。

附注： 太子太傅，官名。太子，古代嗣君稱號，由皇帝選定并册主的預定繼承君位的人。或稱皇太子、世子。一般爲嫡長子。爲太子設師傅宮官，即太傅少傅（商稱二傅），所轄官屬有太子門大夫、庶子、先馬、舍人，另有屬官詹事等。

太子少傅　張良

注釋： 簡介見第五頁。

附注： 太子少傅，官名。與太子少師、少保合稱爲三少或東宮三少。爲太傅副官，見第二八八頁。

太子門大夫 晁錯

注釋： 簡介見第一五八頁。

附注： 太子門大夫，官名。太傅屬官，職比郎將，爲太子宮宿衛之官。見第二八八頁。

太子中庶子印　金敞

注釋： 金敞（?-前一一年）金安上子，匈奴人。宣帝時爲諸曹中郎將，太子中庶子。任騎都尉、光祿大夫、中郎將侍中。與前將軍蕭望之等同心輔政，頗有聲望。成帝河平四年（前二五年），任奉車水衡都尉，次年遷衛尉，爲人正直，敢犯顔正諫。在職四年卒。

附注： 太子中庶子，官名。東宫屬官，職如侍中，另有御庶子、少庶子、等名稱，亦稱門庭庶子。掌宫中及諸吏的嫡子及支庶版籍。

太子庶子　王生

注釋：王生者，宣帝時任太子庶子。曾修書勸司隸校尉蓋寬饒明哲保身，循職而已。寬饒不納其言，後果因直諫被誣大逆不道獲罪而自殺。

左庶長印　卜式

注釋：卜式，河南人。初以販羊爲業。武帝時因連年出擊匈奴，國家財政日益困難，主動上書朝廷願將自家財產的一半助邊疆。時山東等地發生災荒，又捐錢二十萬救濟災民。武帝賜以四百戍邊徭役的名額，每年可得錢二十萬，召拜中郎，賜爵左庶長，田十頃，堅辭不受。不久任命爲緱氏縣令、成皋縣令，遷齊王太傅、齊相，後賜爵關內侯，升御史大夫，後貶爲太子太傅。

附注：左庶長，爵位名。戰國時秦國官名，握有軍政大權。秦漢二十等爵位的第十級。第十級爲右庶長。左右庶長即左右編裨將軍。

太子先馬　汲黯

注釋： 汲黯（?-前一一二年）　字長孺。河南濮陽人。景帝時爲太子先馬。武帝時任東海太守，以清靜治民，召爲主爵都尉。好黄老之術，常直言切諫，曾反對武帝對匈奴的戰爭。後爲淮陽太守，在位十年卒於官。

附注： 太子先馬，官名。秦置，名洗馬，漢沿置稱先馬。或稱前馬，爲太子二傅的屬官。太子出行則爲前導，爲先驅侍從，使者的意思。

太子舍人　晁錯

注釋： 簡介見第一五八頁。

附注： 太子舍人，官名。見第二八八頁。

將作大匠　解萬年

注釋：西漢官吏。成帝時爲將作大匠。曾建言在霸陵曲亭南營建昌陵，預計三年可成，結果歷時五年而陵未建成，勞命傷財『致天下虛耗，百姓疲勞』，成帝永始二年下詔罷修昌陵，次年將他徙至敦煌郡。

附注：將作大匠，官名。秦置，稱將作少府。漢景帝中元六年（前一四四年），改名將作大匠，王莽曾改名都將。掌管基建，包括營建宗廟、宫室、陵園。屬官兩漢有兩丞，左右中候、石庫令、東園主章令等。

太子詹事印章　宋畸

注釋： 宋畸，字翁壹，東海人。治《論語》，爲《齊論》傳人。昭帝時任詹事。昭帝卒，迎立宣帝，以功賜爵關内侯。宣帝本始二年（前七二年）遷大鴻臚。四年，改任左馮翊，後官至少府，爲官有賢名。

附注： 太子詹事，官名。秦始置，漢沿置。詹給也。詹事即給事、執事，掌皇后、太子家事，是太子屬官之長，有似太子身邊的宰相或幕僚長。初尚有掌皇太后宫的長信詹事，（長信即皇太后所居宫名，後改爲長信少府，又因改宫名而改爲長樂少府）。掌皇后宫詹事，在成帝鴻嘉三年（前一八年）裁撤。此後，詹事專爲東宫官名。

太子家令　晁錯

注釋：簡介見第一五八頁。

附注：太子家令，官名。太子家總管。秦置，漢沿置。有丞，主倉穀飲食，職似司農，少府。東漢改屬太子少傅。

長信少府　夏侯勝

注釋： 夏侯勝，字長公，魯東平人。以專治《尚書》，顯名於世。昭帝時征爲博士，遷光祿大夫。昭帝卒，劉賀繼立，他因數諫觸怒劉賀而下獄，後霍光援助獲釋。遂從霍光參與謀廢昌邑王，迎立宣帝。宣帝初，因授太后《尚書》有功，封關内侯，遷長信少府。後因獲罪入獄，居二年得釋，任諫大夫、給事中。後復官少府，又遷太子太傅。年九十而卒。

附注： 長信少府，官名。漢有長信詹事主皇太后宫，由宦者任職，景帝改爲長信少府，平帝又改長東少府。長信或長樂都屬官吏，均系宦者。此外又有長樂衛尉、長樂太僕、總名太后三卿。

大長秋印章

注釋：大長秋，官名。秦稱將行，漢沿用，漢景帝中元六年（前一四四年）改名爲大長秋，宣達皇后旨意，管理宮中事宜，爲皇后近侍官首領，由宦官充任。長秋官名，秋者收成之時，長者恒久之意。另有中長秋屬官。

典屬國印　公孫昆邪

注釋： 西漢諸侯。義渠人。景帝初，歷任隴西太守、典屬國。景帝前元三年（前一五四年），任將軍，六年封爲平曲侯，中元四年（前一四六年），有罪免侯。

附注： 典屬國，官名。秦置。掌管歸附的少數民族往來事務。漢沿置，武帝元狩三年設五屬國（見第四八二頁）都尉。成帝河平元年并入大鴻胪。主要屬官爲九譯令。古以三、九表示數目之多意，爲能翻譯多種語言之官，另有右曹一職。

右曹典屬國章　蘇武

注釋：簡介見第二二八頁。

附注：官名。見第三〇一頁。

水衡都尉

注釋： 官名。漢武帝元鼎二年（前一一五年）置，掌上林苑及鑄錢等事。王莽改爲予虞。其屬官有水衡丞及上林、均輸、御羞、禁圃、緝濯、鐘官、技巧、六厩、辧銅、九官令丞等。其職頗雜。

水衡丞

注釋：水衡丞，官名。丞，意为承辅佐。水衡丞爲水衡都衛屬官，有五丞，佐助掌上林苑。見第三〇三頁。

上林尉印

注釋：上林尉，官名。少府屬官，主管皇家御苑。主官爲上林令、次官爲上林尉。武帝元鼎二年於苑内設十二尉，掌苑中治安巡警等事。

奉車水衡都尉 金敞

注釋：簡介見第二九一頁。

附注：奉車都尉，系水衡都慰屬官。皇帝參乘、侍從官。掌供奉車輿。漢武帝時與騎都尉、駙馬都尉同置，秩比二千石。

甘泉倉長　張敞

注釋：簡介見第二二七頁。

附注：官名。屬漢大司農。漢在京師及郡國各地設糧倉，諸倉設有令、長、丞，掌糧儲出納。甘泉（今山西稷山縣境）設倉長，令之副手。

上林令印

注釋：上林令，官名。見第三〇五頁。

內史之印　周苛

注釋： 簡介見第九〇頁。

附注： 內史，官名。西周設置，或稱『作册內史』，『作命內史』，掌管著作簡册。景帝二年（前一五五年）分置左右內史。武帝太初元年（前一〇四年）更名右內史爲京兆尹。左內史更名左馮翊。

右內史之章　鄭當時

注釋： 鄭當時，西漢官吏。字莊，陳人。以任俠聞名梁楚間。景帝時，任太子舍人。武帝時任濟南太守、江都相、右內史及大司農等職。爲官清廉，待人不分貴賤，積極推舉賢人。卒於汝南太守任。

附注： 右內史，官名。見第三〇九頁。

左內史印　晁錯

注釋：簡介見第一五八頁。

附注：左內史，官名。見第三〇九頁。

京兆尹印章　無忌

注釋： 無忌，西漢酷吏。武帝時曾爲京兆尹。

附注： 京兆，漢代京畿的行政區劃名，爲三輔之一，後因稱京都爲京兆。（京，大也；兆者，衆數；言大衆所在）。京兆尹即京師長官。景帝二年（前一五五年）分置左内史、右内史，後更名京兆尹。

左馮翊印　殷周

注釋： 殷周、西漢酷吏。武帝太初元年（前一〇四年）任左馮翊。在職七年罷。司馬遷曾把他比之於『蝮鷙』，言其殘酷猶如蝮毒鷹攫。

附注： 左馮翊，官名。見第三〇九頁。

京兆尹門下督　萬章

注釋： 萬章，字子夏。長安人。居城西柳市，號『城西萬子夏』。爲京兆尹門下督。與中書令石顯善，成帝初，石顯被免官而徙故郡，欲將價值數百萬的財産贈之，不受，不欲因石氏之禍而爲己福。河平間，被京兆尹王尊所殺。

附注： 門下督亦官名。郡國守相的屬吏。全稱爲『門下督盜賊』，簡稱『督盜賊』。主兵衛，出則帶劍導從，居則徼循察禁，以備盜賊。

長安丞印　張湯

注釋：簡介見第二三九頁。

附注：長安丞，官名。長安縣佐官。長安，地名。西漢高帝五年置，治所在今陝西西安市西北。

遼西鐵官長　王尊

注釋： 簡介見第一五〇頁。

附注： 遼西，地名。戰國燕置，秦時治所在陽樂縣（今遼寧義縣西）。鐵官長，官名，主管冶鐵，漢大司農屬門。掌鐵器的生産和買賣，有令、長、丞。

主爵都尉章

注釋：主爵都尉，官名。原名主爵中尉，掌封爵事。漢景帝中元六年，改稱現名，掌列侯封爵之事。武帝太初元年，更名右扶風，治內史右地，成爲三輔行政長官之一，與原職掌全異。

右扶風印　咸宜

注釋：簡介見第二三三頁。

附注：右扶風，官名。漢武帝太初元年（前一〇四年）置，取扶助、風化之意。治所在今陝西興平縣東南。

右扶風丞印　路温舒

注釋；路□舒—字□君—鉅鹿□里人。幼□牧羊—後爲□小吏—□律令—□爲□史—□□曹史。元□中—因廷尉解光□□—升廷尉史。宣帝即位—他上□倡言□刑—□爲□□私府□。又□文□高第—□右扶□丞。後□□淮太守。

附注 驃右扶風**丞**—官名。右扶風副長官。見第三一八頁。

護軍都尉 公孫敖

注釋： 簡介見第三二一頁。

附注： 護軍都衛，官名。護即督統之意。秦有護軍都尉。護軍所掌爲派遣安排諸將等事，屬大司馬，既爲領兵長官，又有監督諸將之權。

大司馬護軍　陳遵

注釋： 陳遵（？-二五年）字孟公，杜陵（今陝西西安東南）人。少孤，及長行為放縱不拘，與張竦同爲京兆尹，相友善。爲大司徒馬宮器重，舉補鬱夷令，自免去。平帝時復爲校尉，後封嘉威侯。王莽奇其才，擢爲河南太守。王莽敗，淮陽王劉玄至長安，薦舉大司馬護軍，出使匈奴。王敗，爲起義農民所殺。

附注： 官名。見第三二〇頁。

司隸校尉之章　蓋寬饒

注釋： 簡介見第一九八頁。

附注： 司隸，官名。負責管理奴隸、俘虜、以給勞役、捕盜賊。校尉、亦官名。古代軍職之稱。西漢時校尉地位甚高，僅次於將軍，隨其任務之不同而冠以名號。武帝時以中壘、屯騎、步兵、越騎、長水、胡騎、射聲、虎賁合稱八校尉以保衛京師。武帝征和四年（前一八九年）始置司隸校尉，是因捕巫蛊临时设置的督捕将之官。上察中央百官，下察地方郡守。

司隸印章　鮑宣

注釋： 鮑宣（?-三年）字子都，渤海高城縣人。『好學明經』。曆官鄉嗇夫、守束州丞、功曹。舉孝廉為郎，因病辭。後復爲州從事、議郎，又以病離職。哀帝初，薦爲西曹掾，諫大夫、司隸。任職期間，常上書諫爭。平帝初王莽秉政，捕殺異己，被牽連自殺。

附注： 司隸，官名。見第三二二頁。

城門校尉　諸葛豐

注釋：諸葛豐，字少季，琅邪人。以明經爲琅邪郡文學，以剛直出名，舉侍御史。元帝時，擢爲司隸校尉，持節享『刺舉無所避』特權，加秩光祿大夫。後以得罪元帝寵臣侍中許章，調爲城門校尉。後免爲庶人，卒於家。

附注：城門校尉，官名。西漢置。掌京師城門屯兵及啓閉，屬官有司馬、十二城門候。參閱第三二二頁。

中壘校尉　劉向

注釋：簡介見第一八六頁。

附注：官名。八校尉之一，掌北軍壘门之内，又外掌西域，見第三二二頁。

越騎校尉　金參

注釋：簡介見第一九六頁。

附注：官名。八校尉之一，掌統越騎宿衛，見第三二二頁。

長水校尉之印　富昌

注釋：富昌，西漢官吏。宣帝時曾任長水校尉。

附注：官名。八校尉之一，掌宿衛，統長水、宣曲，見第三二二頁。

射聲校尉印　陳湯

注釋：簡介見第二六八頁。

附注：官名。八校尉之一，掌宿衛，統侍詔射聲士。見第三二二頁。

戊己校尉　刁護

注釋： 刁護，又作刀護。新莽官吏。任西域戊己校尉。王莽始建國二年（公元一〇年），爲叛將戊己校尉史陳良、終帶所殺。

附注： 戊己校尉，官名。漢元帝初元元年（前四八年）置，爲駐屯田車師的長官。掌管西域屯田事務，駐交河城（今新疆維吾爾自治區吐魯蕃），以防匈奴。那時與西域關系斷續不常，故時置時廢。

屯田校尉

附注： 屯田校尉，官名。漢武帝末年始置，其時設三校尉分主西域屯田事宜。宣帝時，屯田校尉始置西域都護。

護羌校尉章 辛湯

注釋：辛湯，西漢將領。狄道人，辛武賢弟。宣帝時，曾爲護羌校尉。以酗酒激起羌人反抗。

附注：護羌校尉，官名。漢武帝元丹六年（前一一一年），率兵擊破西羌，乃置，掌西羌事務，東漢沿置。參閱第三二二頁。

興鷂校尉　霍去病

注釋：簡介見第三一頁。

附注：興鷂，官名。簡稱票姚，通票鷂。勁疾之貌。見第三二二頁。

羌騎校尉章　范明友

注釋：簡介見第一二五頁。

附注：官名。見第三二二頁。

輕騎校尉　郭成

注釋：郭成，西漢將領。武帝元朔五年（前一二四年）任輕騎校尉，從車騎將軍衛青出右北平，攻匈奴右賢王，大勝。曾親率輕騎連夜追右賢王數百裏，不及而還，其勇名聞于全軍。

附注：官名。見第三二二頁。

執馬校尉　李廣利

注釋： 簡介見第四〇頁。

附注： 官名，以習馬者爲之。武帝備破大宛擇取二人，一爲執馬校尉，一爲驅馬校尉。

驅馬校尉　李廣利

注釋：簡介見第四〇頁。

附注：官名。見第三三五頁。

復土校尉章　蕭由

注釋： 蕭由，字子驕，蕭望之之子。歷任丞相西曹、衛將軍掾、謁者、使匈奴副校尉、定陶令、太原都尉、安定太守。因得罪哀帝，被免爲庶人。平帝即位，爲復土校尉、京輔左輔都尉、江夏太守、陳留太守，遷爲大鴻臚，以病免。後復起爲中散大夫。卒於任上。

附注： 官名，復土爲管理葬埋之事的官員。

左曹屯騎校尉 丁宣

注釋：丁宣，西漢官吏。瑕丘人。哀帝時大司馬驃騎將軍丁明族父，曾任左曹屯騎校尉。

附注：官名。八校尉之一的屬官，掌騎士宿衛。

横海校尉

附注：横海校尉，官名。校尉爲秦漢時中級武官名。横海爲其名號，隸横海將軍。漢武帝時以城陽王之子劉福任此職，浮海征伐東粤。横海之號，當由此得名。

騎校尉 常惠

注釋：簡介見第五三頁。

附注：官名，率領騎兵的禁衛將領。

西域副校尉　陳湯

注釋： 簡介見第二六八頁。

附注： 官名。掌統軍馬，屯駐西域的禁衛將領。

西域都護　段會宗

注釋：簡介見第一八二頁。

附注：官名，統率西部邊境少數民族地區的軍政長官。

都護西域騎都尉 鄭吉

注釋： 鄭吉（?–前四九年）會稽人。以卒伍從軍，多次到西域，熟悉域外事。宣帝時，以侍郎屯田渠黎，發諸國兵攻破車師，遷任衛司馬。神爵三年（前五九年），匈奴日逐王欲降漢，他發渠黎、龜茲諸國數萬人迎日逐王歸漢，威震西域，因功封爲安遠侯並首任西域都護，立幕府，以鎮撫西域諸國。卒，謚繆。

附注： 騎都尉，官名。統領騎兵的高級軍官。

左曹越騎校尉　班況

注釋：班況，扶風安陵人。元帝時，舉孝廉爲郎，以功遷上河農都尉，旋又入爲左曹越騎校尉。成帝時，徙昌陵。

附注：官名，八校尉之一的屬官。參閱第三二二頁。

小苑東門侯　蕭望之

注釋：簡介見第二四五頁。

附注：官名，皇苑東門的守門官，掌門衛及啓閉事。

覆盎城門侯　蔡義

注釋： 蔡義（?-前七一年）一作蔡誼。河內溫人。初以通曉經書給事於大將軍霍光幕府，遷補覆盎城門侯。昭帝詔求通《韓詩》學者，他應召解《詩》，帝悅，擢爲光祿大夫、給事中，命爲帝授《詩》，不久提升少府、御史大夫。元平元年（前七四年）爲丞相，封陽平侯，爲相四年卒，謚節。

附注： 官名，掌京城十二門的守門官。

右校丞　辛慶忌

注釋：簡介見第一九三頁。

騎士　公孫賀

注釋：簡介見第四一頁。

附注：騎士，兵種名。西漢時根據地方特點訓練各個兵種，西北郡産馬地區訓練騎兵，稱爲騎士。

上邽騎士　趙弟

注釋：趙弟，西漢官吏。原爲上邽騎士，屬貳師將軍李廣利。武帝太初四年（前一〇一年），從廣利出兵西城大宛，斬郁成王，以功封新畤侯，後任太常。太始三年（前九四年），以審理獄案不實，入錢百萬贖死而罰作苦役四年。

附注：上邽，地名。秦以邽縣改置，治所即今甘肅天水市。參閱第三四八頁。

奉車都尉　霍光

注釋： 簡介見第四八頁。

附注： 都尉，官名。戰國始置。低於將軍的軍官。秦與漢初，每郡有郡尉，輔助太守主管軍事。景帝中元二年（前一四八年）更名都尉。奉車都尉、漢武帝元鼎二年（前一一五年）置，掌御乘輿車。

駙馬都尉

王舜

注釋： 簡介見第九九頁。

附注： 駙馬都尉，官名。漢武帝始置，本爲近侍之官。駙即副，原意掌副車之馬。魏晋以後，常以此官授帝婿，而不任其職，簡稱駙馬，遂用以称帝婿。

侍中奉車都尉　霍光

注釋：簡介見第四八頁。

附注：見第三五〇頁。

侍中駙馬都尉　金日磾

注釋：簡介見第四九頁。

附注：見第三五一頁。

車騎都尉　韓昌

注釋： 韓昌，西漢將領。宣帝時任車騎都尉。甘露三年（前五一年），奉宣帝命迎接匈奴呼韓邪單于朝漢。元帝初元二年（前四七年），與光祿大夫張猛送單于侍子歸匈奴，並與匈奴立永不相攻盟誓，後任護軍都尉。永光二年（前四二年），被派往隴西屯田。

附注： 車騎都尉，官名。參閱第三五〇頁。

驍騎都尉　李廣

注釋：簡介見第一〇八頁。

附注：見第三五〇頁。

強弩都尉章　路博德

注釋：簡介見第三四頁。

附注：見第三五〇頁。

侍中騎都尉印 趙欽

注釋： 哀帝紀第十一：建平元年（前六年）春正月，赦天下。侍中騎都尉新成侯趙欽，成陽侯趙訢皆有罪，免爲庶人徙遼西。

武騎常侍印　司馬相如

注釋：司馬相如（前一七九年-前一一七年）西漢文學家。字長卿，蜀郡成都人。原名犬子，因慕藺相如而更名。善辭賦，事景帝爲武騎常侍，因梁孝王好文學，乃奔梁。孝王卒，與卓王孫之女卓文君，私奔成都。所作《子虛賦》得武帝賞識，任爲郎。奉命出使西南，略定西南夷。後爲孝文園令。

附注：官名，常隨車駕出游狩獵，格射猛獸。東漢後未見設置。

中常侍印　班伯

注釋： 班伯（前五〇-前一三年）西漢學者。班固的祖先，扶風安陵人。少從師丹學《詩經》，拜爲中常侍。又受《尚書》、《論語》於鄭寬中、張禹，即通大義，遷奉車都尉。成帝時，數出使匈奴，出爲定襄太守，治獄神明。成帝永始年間，遷水衡都尉，年三十八歲病卒。

附注： 中常侍，官名。秦始置，西漢相沿。作爲列候、將軍、至郎中的加官。任此官者，出入宮廷侍從皇帝。擔任傳達詔命和掌理文書等事，權力極大。

青州刺史印　雋不疑

注釋：雋不疑 字曼倩，渤海人，治《春秋》學。武帝末，因暴勝之推薦，拜爲青州刺史。昭帝始元元年（前八六年），因功被提拔爲京兆尹，並受賜錢百萬。爲官嚴而不殘，名重於朝廷。後以病免官，卒於家。

附注：青州，地名。古『九州』之一。西漢武帝置，爲『十三刺史部』之一。東漢治所在臨菑（今山東淄博市東北臨菑鎮北）。刺史，官名。武帝元豐五年（前一〇六年）始置。刺，檢核問事之意，本爲監查官性質，其官階低于郡守。成帝綏和元年（前八年）改爲州牧。東漢靈帝中平五年（公元一八九年）改刺史爲牧。

益州刺史　任安

注釋： 任安（?—前九一年）字少卿，滎陽人。歷任求盜亭父、亭長、三老等。後投大將軍衛青名下爲舍人，經衛青推舉得任郎中，遷益州刺史。又改任太子太傅，北京使者護軍。武帝征和二年（前九一年），巫蠱之禍起，受令而不起，武帝認爲他坐觀成敗，乃下獄，被腰斬。生前與司馬遷友善，嘗寫信給司馬遷，司馬遷回信做作答，即著名的《報任安書》。

附注： 益州，地名。漢武帝所置爲『十三刺史部』之一。東漢時治所在雒縣（今四川廣漢縣北），靈帝中平中移治綿竹縣東北（今四川德陽市東北），獻帝興平中又移成都市（今四川成都市）。刺史，官名。見第三六〇頁。

揚州刺史章　柯

注釋：柯，西漢官吏。名柯，姓未詳。宣帝時人揚州刺史。曾上奏海昏侯劉賀與人交通。奏賀又怨恨之意，有司請逮捕，宣帝僅削劉賀食邑三千戶。

附注：楊州，地名。古『九州』之一。西漢武帝置，爲『十三刺史部』之一。東漢治所在歷陽縣（今安徽和縣），末年移治壽陽縣（今安徽合肥市西北）。刺史，官名。見第三六〇頁。

冀州刺史　陳咸

注釋：陳咸，字子康，西漢沛郡洨縣人。初因其父陳萬年官居高位，被任命爲郎，後升任左曹。元帝時任御史中丞，總管州郡事務和刺史考核。成帝初，任長史，後歷任冀州刺史、諫議大夫、楚國内史、北海郡、東郡太守。後因京兆尹王章遭人指控而受到株連，罷免歸裏。復被起用爲南陽郡太守、少府。拜爲光禄大夫給事中，後又被翟方進彈劾罷免，返回故土。不久，翟方進自殺，陳咸復任尚書。王莽輔政，辭官返鄉專心整理所存律令書文珍藏之，直到病死。

附注：冀州，地名。古『九州』之一。西漢武帝置，爲『十三刺史部』之一。東漢治所在高邑縣（今河北柏鄉縣北），後移治鄴縣（今河北臨漳縣西南）。刺史，官名。見第三六〇頁。

朔方刺史　平當

注釋： 簡介見第二四六頁。

附注： 朔方，地名。西漢元朔二年置，治所在朔方縣（今内蒙古杭錦旗西北黄河南岸）。王莽改名溝搜郡。東漢復爲朔方郡，移治臨戎縣（今内蒙古磴口縣北）。後废。刺史，官名。見第三六〇頁。

幽州刺史章　王駿

注釋： 王駿（？-前一五年）西漢大臣。琅邪皋虞人。少從父學《五經》，舉孝廉爲郎，宣帝選高材從梁丘臨學《易》，他中選。後由匡衡薦爲諫大夫，遷趙國内史，以病辭免。復起爲幽州刺史，遷司隸校尉，任少府。成帝聞其才，欲大用之，出爲京兆尹試以政事。鴻嘉元年（前二〇年），任御史大夫。永始二年（前一五年）卒。

附注： 幽州，地名。古『九州』之一。西漢武帝置，爲『十三刺史部』之一。東漢治所在薊縣（今北京城西南）。刺史，官名。見第三六〇頁。

涼州刺史　貢禹

注釋：貢禹（前一二四-前四四年）字少翁，琅邪人。以明經沽行著聞，征爲博士、涼州刺史，以病去官。復舉賢良爲河南令，歲餘，又免去。元帝初即位，與王吉同被征爲諫議大夫，後遷光祿大夫，纍官至御史大夫，位列三公。

附注：涼州，地名。古『九州』之一。西漢武帝置，爲『十三刺史部』之一。東漢治所在隴縣（今甘肅張家川回族自治縣）。刺史，官名。見第三六〇頁。

沇州刺史　蔣詡

注釋：蔣詡，字元卿，杜陵人。漢末曾任兗州刺史，以廉直著名。王莽居攝，他以病辭官，歸故裏，足不出戶，卒於家。

附注：沇州，地名。古『九州』之一。西漢武帝置，爲『十三刺史部』之一。東漢治所在昌邑縣（今山東金鄉縣西北）。刺史，官名。見第三六〇頁。

徐州刺史章　王尊

注釋： 簡介見第一五〇頁。

附注： 徐州，地名。古『九州』之一。西漢武帝置，爲『十三刺史部』之一。轄有今山東南部和江蘇長江以北地區。東漢治所在郯縣（今山東郯城縣）。刺史，見第三六〇頁。

并州刺史章　朱博

注釋： 簡介見第六九頁。

附注： 并州，地名。古『九州』之一。西漢武帝置，爲『十三刺史部』之一。東漢治所在晋陽縣（今山西太原市西南）。刺史，官名。見第三六〇頁。

豫州牧印章　鲍宣

注釋：簡介見第三二三頁。

附注：豫州，地名。古『九州』之一。西漢武帝置，爲『十三刺史部』之一。東漢治所在譙縣（今安徽亳州市）。牧（州牧），官名。州官稱牧，郡官稱守。古代以九州之長爲『牧』。『牧』是管理人民之意。武帝時設十三州部，每部設一刺史。漢成帝時改刺史为州牧。

河內守章　周亞夫

注釋：簡介見第九頁。

附注：河內，地區名。泛指今山西、河北及河南黃河以北地區。《周禮·職方》：『河內曰冀州』即此。守（太守）官名。戰國時對郡守的尊稱。西漢時始對郡守的正式官名。景帝中元二年（前一四八年）改郡守爲太守，爲一郡行政的最高長官，總管行政、財賦、刑獄等，佐官（丞、尉、長吏）由朝廷任命，屬吏（功曹、主簿等）自行辟任。

淮陽守印　申屠嘉

注釋：見第二一頁。

附注：淮陽，地名。漢高祖十一年（前一九六年）置，治所在陳縣（今河南淮陽縣）。王莽改名新平郡，東漢初復爲淮陽國，章和二年（八八年）改爲陳國。守（太守），官名。見第三七一頁。

雁門太守章　馮敬

注釋： 馮敬，原秦將馮無擇子。西漢大臣。楚漢戰爭時，爲魏王魏豹騎將。韓信定魏地，歸漢。文帝前元七年（前一七三年），由典客遷御史大夫。

附注： 雁門，地名。戰國趙武靈王置，秦、西漢治所在善無縣（今山西右玉縣東南）。王莽改名填狄郡。東漢復改爲雁門郡，移治陰館縣（今朔州市東南夏關城）。太守，官名。見第三七一頁。

隴西守印章　渾邪

注釋：渾邪（?-前一二〇年）西漢諸侯。原爲匈奴諸王。武帝時擁兵數萬，活動在祁連山及河西走廊一帶，常犯漢邊境。元狩二年（前一二二年，率兵數萬降漢，次年封濕陰侯，同年卒，謚定。

附注：隴西，地名。戰國秦置，治所在狄道縣（今甘肅臨洮縣）。王莽改名厭戎郡。東漢復改爲隴西郡。太守，官名。見第三七一頁。

潁川太守章　黄霸

注釋：簡介見第七四頁。

附注：潁川，地名。即今潁河。源出河南登封縣西南陽乾山，東南流至安徽潁上县东南入淮河。太守，官名。見第三七一頁。

河南太守章　嚴延年

注釋：嚴延年（？—前五八年）字次卿，東海下邳人。其父爲丞相掾。少時學法律于丞相府，後舉侍御史。宣帝神爵中，爲強弩將軍許延軍長史，隨軍擊敗西羌反叛，因拜爲涿郡太守，嚴懲郡中不法豪族東高氏、西高氏，繼遷河南太守。

附注：河南，地區名。泛指河南以南，因時而异。（一）戰國韓、魏，河南洛陽市以西一帶。（二）《周禮·職方》：『河南曰豫州』。指河南省大部地區。（三）秦漢時内蒙古河套地區。太守，官名。見第三七一頁。

酒泉太守章　辛武賢

注釋：簡介見第一二九頁。

附注：酒泉，地名。西漢武帝元狩二年置，治所在祿福縣（今甘肅酒泉市）。王莽改名輔平郡。東漢復爲酒泉郡。太守，官名。見第三七一頁。

雲中太守章　田順

注釋：簡介見第一二八頁。

附注：雲中，地名。戰國趙武靈王置，秦時治所在雲中縣（今今内蒙古托克托縣東北）。王莽改名受降郡。東漢復改爲雲中郡，末年廢。太守，官名。見第三七一頁。

東郡太守

注釋： 東郡，郡名。秦王政五年（前二四二年）置。漢高祖曾罷東郡。文帝時復置。郡治濮陽，領縣二十三。轄境相當今山東東阿、梁山、鄆城以西，河南範縣、長垣以北，河南滑縣、濮陽移動，山東冠縣、茌平以南一帶地區。

附注： 太守，官名。見第三七一頁。

魏郡太守章　京房

注釋：京房（前七七–前三七年）本姓李，以推算曆律而改姓京。名房，字君明，東郡頓丘人。元帝初元四年，以孝廉爲郎。曾奏行『考功課吏法』，朝臣多以爲不可行，又多次與元帝言災異，意指天變由於任用宦官石顯，石顯隨忌恨之，以試行考功法，奏調他外任魏郡太守。旋誣以『誹謗政治，歸惡天子』，下獄棄市。

附注：魏郡，地名。西漢高祖十二年置，治所在鄴縣（今河北臨漳西南鄴镇）。王莽改名爲魏城郡。東漢復爲魏郡。太守，官名。見第三七一頁。

陳留太守章

附注： 陳留，郡名。漢武帝元狩元年置。郡治陳留縣（今河南開封東南陳留城），領縣十七，轄境相當於今山東東明、河南民權、商丘以西，安徽亳縣、河南柘城、杞縣以北，河南尉氏、開封以東、長垣以南地區。太守，官名。見第三七一頁。

汝南太守章　嚴訢

注釋：嚴訢，西漢官吏。字子慶。成帝永始三年，蘇令率眾起義，他爲汝南太守，將蘇令捕殺，遷爲大司農。

附注：汝南，地名。西漢高帝四年置，治所在上蔡縣（今河南上蔡縣西南）。王莽改名爲汝墳郡。東漢復爲汝南郡，移治平輿縣（今河南平輿縣北）。其后所治所屢遷。太守，官名。見第三七一頁。

廣漢太守章　趙護

注釋： 趙護，字子夏。初爲河東都尉。成帝鴻嘉四年，拜爲廣漢太守，奉命發郡中及蜀郡三萬人平定廣漢郡鄭躬等人的騷亂。因功遷執金吾。

附注： 廣漢，地名。西漢高帝六年置，治所在乘鄉（一作繩鄉，今四川金堂縣東）。王莽改名就都郡。東漢复名廣漢郡。移治雒縣（今四川廣漢市北）。太守，官名。見第三七一頁。

南陽太守章　孫寵

注釋：孫寵，長安人。成帝末曾官汝南太守，哀帝初，免官家居。後因與息夫躬交結，召爲待詔，官騎都尉，遷南陽太守。哀帝建平四年，封方陽侯。次年，被免官遣就封國。

附注：南陽，地區名。（一）今山東以南、汶河以北地區。春秋屬魯，後入於齊。（二）今河南濟源市、淇縣之間，太行山以南地區。春秋屬晉。太守，官名。見第三七一頁。

沛郡太守章 石詡

注釋：石詡，西漢平帝時人，沛郡太守。

附注：沛郡，地名。西漢高帝改泗水郡置，治所在相縣（今安徽濉溪縣西北）。王莽改名吾符郡。東漢改爲沛國。太守，官名。見第三七一頁。

河東守印章　季布

注釋： 季布，彭城人。初項羽自立爲西楚霸王，至彭城，任爲將。楚漢戰爭中，帶兵多次圍困劉邦，劉邦深恨之。漢朝建立後，劉邦懸賞重金追鋪，隱姓埋名爲奴，後經夏侯嬰遊說，乃得救，拜爲郎中。惠帝時遷中郎將。文帝立，調爲河東郡守，病卒於任上。

附注： 河東，地區名。戰國、秦、漢時指今山西西南部爲河東，戰國時又指當時趙國境内黄河以東即今山東聊城市、冠縣一帶爲河東。唐以後泛指今山西全境爲河東。太守，官名。見第三七一頁。

涿郡太守章　劉歆

注釋：簡介見第一七二頁。

附注：涿郡，地名。西漢高帝時置，治所在涿縣（今河北涿州市）。王莽改名爲垣翰郡。東漢復爲涿郡。太守，官名。見第三七一頁。

五原太守章　劉歆

注釋： 簡介見第一七二頁。

附注： 五原，地名。戰國秦置，治所在九原縣（今內蒙古包頭市西北）。後廢。太守，官名。見第三七一頁。

漢中太守章　田叔

注釋：田叔，趙陘城人，好劍術，從樂钜公學黃老之術。漢初任郎中。高祖八年任漢中太守。景帝時，被任爲魯相。在任期間，數諫勸魯恭王劉餘歸所取民間財務，減少遊獵。在職數年病卒。

附注：漢中，地名。戰國秦惠王十三年置，治所在南鄭縣（今陝西漢中市）。西漢移治西城縣（今陝西安康市西北）。王莽改名新成郡。東漢復爲漢中郡。太守，官名。見第三七一頁。

常山守印章　張蒼

注釋：簡介見第一七頁。

附注：常山，地名。西漢改恒山郡置，治所在元氏縣（今河北元氏縣西北）。王莽改名井關郡。東漢初改爲常山國。太守，官名。見第三七一頁。

東海太守章　汲黯

注釋：簡介見第二九四頁。

附注：東海，地名。秦置，治所在郯縣（今山東郯城縣北）。楚漢之際爲郯郡。王莽改名爲沂平郡。東漢後復爲東海郡。太守，官名。見第三七一頁。

濟南太守章　鄭當時

注釋： 鄭當時，西漢官吏。字莊，陳人。以任俠聞名梁楚間。景帝時，任太子舍人，武帝時任濟南太守、江都相、右內史及大司農等職。爲官清廉，待人不分貴賤，積極推舉賢人。卒于汝南太守任。

附注： 濟南，地名。西漢初置，治所在東平陵縣（今山東章丘縣西北）。漢文帝前元十六年年改爲濟南國，漢景帝前元二年復为郡。王莽改名乐安郡。东漢復爲濟南郡。東漢光武帝建武十五年（三九年）又改爲國。太守，官名。見第三七一頁。

臨淮太守章　路温舒

注釋：簡介見第三一九頁。

附注：臨淮，地名。西漢置，治所在徐縣(今江蘇泗洪縣南大徐臺子)。王莽改名爲淮平郡。東漢復爲臨淮郡。漢明帝永平改爲下邳國。太守，官名。見第三七一頁。

北地太守章　李廣

注釋： 簡介見第一〇八頁。

附注： 北地，地名。秦置，治所在義渠縣（今甘肅慶陽縣西南）。西漢移治馬嶺縣（今慶陽縣西北馬嶺鎮）。東漢移治富平縣（今寧夏吴忠市西南黃河東岸）。太守，官名。見第三七一頁。

上郡太守章　李廣

注釋：簡介見第一〇八頁。

附注：上郡，地名。戰國魏置，秦時治所在在膚施縣（今陝西榆林市東南）。王莽改增山郡。東漢初復爲上郡，漢獻帝建安二十年（公元二一五年）廢。太守，官名。見第三七一頁。

代郡太守章　李廣

注釋：簡介見第一〇八頁。

附注：代郡，地名。戰國趙武靈王置，秦漢治所在代縣（今河北蔚縣東北）。王莽改厭狄郡。東漢初復爲代郡。太守，官名。見第三七一頁。

上谷太守章　李廣

注釋： 簡介見第一〇八頁。

附注： 上谷，地名。戰國燕置，秦漢治所在沮陽縣（今河北懷來縣東南）。王莽改朔調郡。東漢復名上谷郡。太守，官名。見第三七一頁。

右北平太守印章　李廣

注釋： 簡介見第一〇八頁。

附注： 右北平，地名。戰國燕置，秦漢治所在無終縣（今天津市薊縣）。西漢移治平剛縣（今遼寧凌源縣西南）。王莽改名北順郡。東漢復故名。移治土垠縣（今河北豐潤縣東南）。太守，官名。見第三七一頁。

遼西太守章　李廣

注釋：簡介見第一〇八頁。

附注：遼西，地名。泛指今遼寧遼河以西大凌河流域及其以南、河北遷西與樂亭縣以東地區。漢屬遼西郡地。太守，官名。見第三七一頁。

漁陽太守章　解

注釋： 解，西漢官吏，武帝時官漁陽太守。元狩四年，從驃騎將軍霍去病擊匈奴，有功，賜爵關内侯。

附注： 漁陽，地名。戰國燕置。秦漢治所在漁陽縣（今北京市密雲縣西南）。王莽改名得漁縣，東漢復故名。太守，官名。見第三七一頁。

西河太守章　常惠

注釋：簡介見第五三頁。

附注：西河，地區名。（一）春秋衛國西境黃河沿岸地區，即今河南浚縣、滑縣及其迤北、迤南一帶。（二）戰國魏國境內黃河附近地區。又説在今陝西韓城市或山西汾陽縣境，或説今河南安陽縣境。太守，官名。見第三七一頁。

山陽太守章　公孫度

注釋：公孫度，《史記》作公孫慶。菑川薛人。丞相、平津獻侯公孫弘之子。元狩三年嗣爲平津侯。曾任山陽太守十餘年。元封四年，因罪下獄，罰作苦役，免侯。

附注：山陽，地名。西漢景帝前元五年置山陽國，武帝建元五年改爲郡，治所在昌邑縣（今山東金鄉縣西北）。王莽改名巨野郡。東漢復名山陽郡。太守，官名。見第三七一頁。

巨鹿太守章　孫宏

注釋：孫宏，又作孫閎。成帝時爲鉅鹿太守。後因附紅陽侯王立有罪就國，爲丞相翟方，進劾其與立交厚善，不宜爲郡守。遂免歸故郡。

附注：鉅鹿，地名。秦始皇二十五年置，治所在鉅鹿縣（今河北平鄉縣西南）。東漢移沿癭陶縣（今河北寧晉縣西南）。太守，官名。見第三七一頁。

上黨太守章　李哆

注釋：李哆，西漢官吏。漢武帝太初元年，爲校尉從貳師將軍李廣利伐大宛，取善馬，有功，升任上黨太守。

附注：上黨，地名。戰國韓置，秦漢治所在長子縣（今山西長子縣西南）。東漢末年移治壺關縣（今黎城縣南古驛）。太守，官名。見第三七一頁。

豫章太守章　廖

注釋：廖，西漢官吏。宣帝時，任豫章太守時，海昏侯劉賀死，他上奏請爲之立嗣，未許。

附注：豫章，地區名。春秋吴、楚戰地。説法不一，或以爲漢水東淮河以南、長江以北和皖西地區以及贛北鄱陽湖一帶；或專指今安徽壽縣與合肥一帶。太守，官名。見第三七一頁。

會稽太守章　嚴助

注釋： 嚴助（?-前一二二年）　原姓莊，後人避漢明帝劉莊諱，改姓嚴。會稽吳人。武帝建元元年，以賢良對策，得武帝賞識，擢爲中大夫。六年，爲使安撫南越，南越王遂以太子隨他入明。不久任會稽太守，又入爲侍中，從侍左右，作賦數十篇。元狩元年，淮南王劉安謀反案發，他因與安交好，受株連被殺。

附注： 會稽，地名。秦置，治所在吳縣（今江蘇蘇州市）。東漢順帝永建四年移郡治山陰縣（今浙江紹興市）。太守，官名。見第三七一頁。

廣陵太守章　陳萬年

注釋：陳萬年（?-前四四年）字幼公。沛郡相（今安徽濉溪西北）人。原爲郡吏，後升任縣令、廣陵太守。入爲右扶風，遷太僕。宣帝甘露三年爲御史大夫，在位八年卒。

附注：廣陵，地名。東漢光武帝建武十八年以廣陵國改置，治所在廣陵縣（今江蘇揚州市西北蜀岡上）。太守，官名，見第三七一頁。

北海太守章　陳鹹

注釋：陳鹹（?－約前九年）字子康，沛郡相（今安徽濉溪西北）人。年十八以父蔭任爲郎。元帝時擢爲御史中丞，總領州郡奏事，外考第諸刺史，内執法殿中，公卿以下皆敬憚。成帝即位，大將軍王鳳以其忠直，奏補長史，遷冀州刺史，奉使稱意，征爲諫大夫。復出歷任楚内史、北海太守、東郡太守。南陽太守。永始元年，遷任少府。

附注：北海，地名。西漢景帝中元二年置，治所在營陵縣（今山東昌樂縣東南）。東漢改爲國，移治劇縣（今昌樂縣西）。太守，官名。見第三七一頁。

太原太守章 鄭昌

注釋： 鄭昌，字次卿，泰山剛（今山東寧陽東北）人。少好學，明曉經籍，兼通法律政事。宣帝時歷任太原太守、涿郡太守、諫大夫等職。曾上書請改刑法，未果。

附注： 太原，地名。有二説：（一）在今寧夏固原、甘肅平凉縣一帶。（二）在今山西太原市一帶。太守，官名。見第三七一頁。

泰山太守章　嚴望

注釋：嚴望，九江人。西漢成帝時曾爲朱雲弟子，後爲博士，官至泰山太守。

附注：泰山，地名。楚漢之際，劉邦改博陽郡置，治所在博縣（今山東泰安市東南）。后移治奉高縣（今泰安市東）。太守，官名。見第三七一頁。

九江太守之印

附注：九江郡，秦置。轄境相當於今安徽、河南二省淮河以南、江西全省及湖北黄岡以東地，因境内有九江而得名。漢高祖四年爲淮南國。文帝前元元年爲九江郡。太守，官名。見第三七一頁。

蜀郡守之章　文翁

注釋：文翁，廬江舒人。少好學，通《春秋》，以郡縣吏察舉。景帝末爲蜀郡守。居官廉平，尤重教育。選下縣子弟入學，學業優良者補爲郡縣吏。又選有才者數十人至京師，受業博士，學成返蜀任以高職。由上蜀地學風大興。卒於蜀。

附注：蜀郡，地名。戰國秦置。治所在成都縣（今四川成都市）。王莽改名導江郡。東漢建武元年改爲成都尹，十二年复改爲蜀郡。太守，官名。見第三七一頁。

武威太守章　王漢

注釋： 王漢（?-前六六年）西漢官吏。大將軍霍光孫婿。宣帝初任中郎將。霍光卒，宣帝爲削弱霍氏權勢，將他外調任武威太守。漢宣帝地節四年（前六六年），霍氏謀反事敗，他亦被誅殺。

附注： 武威，地名。西漢元狩二年置，治所在姑臧縣（今甘肅武威市）。太守，官名。見第三七一頁。

玄菟太守章　霍雲

注釋： 霍雲（?—前六六年）　霍去病孫。曾任玄菟太守。宣帝地節三年，以中郎將封冠陽侯。次年以過免職。地節四年，霍氏謀反事敗，被殺。

附注： 玄菟，地名。西漢元封三年置，治所在今沃沮且（今朝鮮咸鏡南道咸興）。始元五年移治高句驪縣（今遼寧新賓滿族自治縣西南京興老城附近）。東漢安帝時與高句驪縣同移今遼寧沈陽市東上柏官屯古城。太守，官名。見第三七一頁。

弘農太守章　金欽

注釋：金欽（？-一年）匈奴人。成帝時舉明經，爲太子門大夫。哀帝即位，任太中大夫給事中，與堂弟尚書令金遷兄弟用事，權傾一時。哀帝祖母卒，他監主送葬之事，有功，擢爲泰山太守，徙弘農太守。平帝初，征爲大司馬司直、京兆尹、光禄大夫侍中，封都城侯。平帝元始元年，因議爲祖父金安上立廟警獲罪，自殺。

附注：弘農，地名。西漢武帝元鼎四年（前一一三年）置，治所在弘農縣（今河南靈寶縣東北故函谷關城）。王莽改名右隊郡。東漢初復名弘農郡，末年改名恒農郡。太守，官名。見第三七一頁。

金城太守章

注釋：金城郡。漢昭帝始元六年置。領縣十三，轄境相當於今甘肅蘭州以西，青海湖以東的河、湟二水流域和大通河下游地區。太守，官名。見第三七一頁。

敦煌太守章

注釋： 敦煌郡，漢武帝元鼎六年分酒泉郡置。領縣六，轄境相當於今甘肅疏勒河以西及以南地區，地處河西走廊西端。王莽改名敦德郡。東漢復爲敦煌郡。

附注： 太守，官名。見第三七一頁。

張掖太守章　辛慶忌

注釋： 簡介見第一九三頁。

附注： 張掖，地名。西漢武帝元鼎六年置，治所在觻得縣（今甘肅張掖市西北）。王莽改名設屏郡。東漢復爲張掖部。太守，官名。見第三七一頁。

南郡太守章　辛伯

注釋：辛伯（?－三年）　西漢官吏。辛武賢後裔，官至南郡太守。平帝元始三年，王莽誅隴西辛氏，他也被殺。

附注：南郡，地名。戰國秦昭王二十九年置，治所在郢（今湖北江陵縣西北紀南城）。不久遷治江陵（今湖北江陵縣）。王莽改名南順郡。東漢復爲南郡。太守，官名。見第三七一頁。

遼東太守章　甘延壽

注釋： 簡介見第五五頁。

附注： 遼東，地名。戰國燕置，治所在襄平縣（今遼寧遼陽市老城區）。太守，官名。見第三七一頁。

渤海太守章

龔勝

注釋： 龔勝（前六八—一一年）字君賓，彭城人。少好學，通五經，與武原龔舍俱以明經高第，並著名節，世稱楚兩龔。初爲郡吏，三舉孝廉。哀帝時征爲諫大夫。遷光祿大夫、諸吏給事中、後出爲渤海太守。王莽秉政，歸隱鄉裏。

附注： 渤海，地名。西漢置，治所在浮陽縣（今河北滄州市東南舊滄州），東漢移治南皮縣（今河北南皮縣北）太守，官名。見第三七一頁。

平原太守章　蕭望之

注釋：簡介見第二四五頁。

附注：平原，地名。西漢置，治所在平原縣（今山東平原縣西南）。王莽改名河平郡。東漢初復故名。漢安帝永寧元年改爲國，後復爲郡。太守，官名。見第三七一頁。

江夏太守章　蕭由

注釋：簡介見第三三七頁。

附注：江夏，地名。西漢高祖六年置，治所在西陵縣（今湖北新州縣西）。太守，官名。見第三七一頁。

定襄太守章　韓安國

注釋：簡介見第一〇七頁。

附注：定襄，地名。西漢置，治所在成樂縣（今内蒙古和林格爾縣西北土城子）。王莽改名得降郡。東漢復爲定襄郡，移治善無縣（今山西右玉縣南）。後廢。太守，官名。見第三七一頁。

琅邪太守章　馮野王

注釋：馮野王，字君卿。上黨潞（今山西黎城西南）人。漢將馮奉世之子，嗣父爵爲關内侯。年少而有大志，以父任爲太子中庶子，補當陽長，稍遷櫟陽令、夏陽令。元帝時遷隴西太守，以治行突出，入爲左馮翊，繼遷大鴻臚。成帝時爲上郡太守。

附注：琅邪，地名。秦置，治所在琅邪縣（今山東膠南市西南夏河），西漢移治東武縣（今山東諸城市）高后六年改爲國，文帝前元年復爲郡。王莽改名爲填夷郡。東漢建武初復琅邪國，移治開陽縣（今山東臨沂市北）。太守，官名。見第三七一頁。

犍爲太守章　朱博

注釋：簡介見第六九頁。

附注：犍爲，地名。西漢武帝建元六年置，治所在僰道（今四川宜賓市西南）。昭帝時移治武陽縣（今四川彭山縣東）。王莽改名西順郡。東漢復爲犍爲郡。太守，官名。見第三七一頁。

清河太守章　何武

注釋：簡介見第七一頁。

附注：清河，地名。西漢武帝建元五年改清河國置，治所在清陽縣（今河北清河縣東南），元鼎三年復爲國，後又爲郡。王莽改平河郡。東漢復爲清河國，移治甘陵縣（今山東臨清市東北）。太守，官名。見第三七一頁。

盧江太守印章　何武

注釋：簡介見第七一頁。

附注：盧江，地名。楚漢之際分九江郡置，轄有今安徽長江以南大部分地區，西漢景帝後移轄江北地，治所在舒縣（今安徽盧江縣西南）。太守，官名。見第三七一頁。

巴郡太守章　陳立

注釋： 陳立，臨邛人。成帝時歷任連然長、不韋令，有治聲。河平二年，任牂柯太守，以功賜爵左庶長。又遷爲巴郡太守、天水太守，入爲左曹衛將軍、護軍都尉，卒于任上。

附注： 巴郡，地名。戰國秦於巴國地置，治所在江州縣（今四川重慶市北嘉陵江北岸），東漢興平元年改爲永寧郡，建安六年復爲巴郡。太守，官名。見第三七一頁。

齊郡太守章　京房

注釋：簡介見第三八〇頁。

附注：齊郡，地名。西漢改臨淄郡置（今山東淄博市東北）。王莽改爲濟南郡，東漢改爲齊國。太守，官名。見第三七一頁。

荊州太守章　東門雲

注釋：東門雲，漢代經學家，學公羊春秋經，官至荊州刺史、文東平太傅，有惠政。曾將《公羊春秋》授給琅琊王，徒眾尤盛。後因給江賊下拜辱失君命，下獄被殺。

附注：荊州，地名。古『九州』之一。西漢武帝置，爲『十三刺史部』之一。東漢治所在漢壽縣今（湖南常德市東北）。太守，官名。見第三七一頁。

淄川太守章　冷豐

注釋：冷豐，字次君，淮陽人。曾從顔安樂受《公羊春秋》。時《公羊春秋》有顔、嚴之學，而顔學又有冷、任之學，他爲其一。後授馬宫、左鹹，皆有顯名。官至淄川太守。

附注：淄川，地名。治所在淄川縣（今山東淄博市西南淄川鎮）。太守，官名。見第三七一頁。

零陵太守章　召信臣

注釋： 召信臣，字翁卿。九江壽春人。以明經甲科爲郎，補谷陽長。後又中高第，遷上蔡長，因愛民而得到稱頌，遂擢爲零陵太守，因病歸。後又征諫大夫，遷南陽太守。任職期間，受到吏民愛戴，後遷河南太守。元帝竟甯元年，征爲少府，列於九卿。年老卒於官。

附注： 零陵，地名。西漢武帝元鼎六年（前一一一年）分桂陽郡置、治所在零陵縣（今廣西全州縣）。王莽改名九疑郡。東漢復故名，移治泉陵縣（今湖南永州市）。太守，官名。見第三七一頁。

天水太守章　樓護

注釋：樓護，字君卿，齊人。世代爲醫，少隨父在長安行醫，出入貴戚家。後辭其父，學經傳，爲京兆吏數年，甚得名譽。經平阿侯王譚舉薦，任諫大夫，擢天水太守，數歲免。後復被薦爲廣漢太守。平帝元始中，因捕獲呂寬，被王莽徵召爲前輝光，封息鄉侯，位列九卿。後免官。王莽代漢，封爲樓舊裏附城。

附注：天水，地名。西漢武帝元鼎三年置，治所在平襄縣（今甘肅通謂縣西）。王莽改名填戎郡。東漢初復名天水郡。明帝永平七年移治冀縣（今甘肅甘谷縣東），改名漢陽郡。太守，官名。見第三七一頁。

丹陽太守章　張竦

注釋：張竦（?-二三年）字伯松，河東平陽人。後徙杜陵。哀帝時，與陳遵同爲京兆史。平帝時官丹陽太守。王莽居攝元年，被封爲淑德侯，後免官，以列侯居長安，安于居貧，無賓客。王莽敗，他客居池陽，爲亂兵所殺。

附注：丹陽，地名。西漢武帝元封二年以彰郡改置，治所在宛陵縣（今安徽宣州市）。東漢獻帝建安二十五年移郡治建業縣（今江蘇南京市）。太守，官名。見第三七一頁。

千乘太守章　劉順

注釋：劉順，西漢大臣。東萊人，曾任千乘太守。成帝河平元年（前二八年）任宗正。四年，因使合陽侯舉子免官。

附注：千乘，地名。西漢置，治所在千乘縣（今山東高青縣東南高苑城北）。王莽改名建信郡。東漢初復名千乘郡，和帝永元七年（公元九五年）改爲樂安國。太守，官名。見第三七一頁。

朔方太守　劉它人

注釋：劉它人，西漢官吏。成帝時任朔方太守。永始三年任宗正，在職二年罷。

附注：朔方，地名。見第三六四頁。太守，官名。見第三七一頁。

信都太守章　劉子泄

注釋： 劉子泄，成帝永始二年（前一五年），以信都太守長安宗正爲京兆尹，次年貶爲河南太守。

附注： 信都，地名。西漢景帝前元五年改廣川國，治所在信都縣（今河北冀縣），中元二年復改廣川國。太守，官名。見第三七一頁。

牂柯太守印　陳立

注釋：陳立，臨邛人。成帝時歷任連然長、不韋令，有治聲。河平二年，任牂柯太守，以功賜爵左庶長。又遷爲巴郡太守、天水太守，入爲左曹衛將軍、護軍都尉，卒于任上。

附注：牂柯，地名。西漢武帝元鼎六年置，治所在且蘭縣（今貴州凱里市西北）。王莽改名同亭郡。東漢復名牂柯郡。太守，官名。見第三七一頁。

越巂太守章　枚根

注釋：枚根（?-一九年）新莽官吏，任越巂太守。新王莽天鳳六年，粤巂夷任貴起兵，將他殺害。

附注：越巂，地名。西漢武帝元鼎六年置，治所在邛都縣（今四川西昌市東南）。王莽改名集巂郡。太守，官名。見第三七一頁。

中山太守章　王丹

注釋： 王丹，東平陵人。元帝王皇后之侄。新莽時爲中山太守，劉秀起兵，歸降之，任爲將軍，戰死。劉秀稱帝后，爲褒其功，特封其子王泓爲武桓侯。

附注： 中山，地名。西漢高帝置，治所在盧奴縣（今河北定州市縣），景帝時改爲國。王莽改名常山郡。東漢復爲中山國。太守，官名。見第三七一頁。

金城司馬　陳立

注釋： 簡介見第四三九頁。

附注： 金城，地名。西漢昭帝始元六年置。治所在允吾縣（今甘肅永靖縣西北湟水南岸）。司馬，官名。西周始置。與司徒、司空并稱『三有司』，掌軍政與軍賦，爲輔廷大臣，常統率六師或八師出徵。

天水司馬印　田廣明

注釋：簡介見第一二六頁。

附注：天水，地名。見第四三四頁。司馬，官名。見第四四二頁。

金城長史 辛慶忌

注釋： 簡介見第一九三頁。

附注： 金城，地名。見第四四二頁。長史，官名。戰國末年秦已置，漢沿之。西漢時丞相、御史大夫、太尉的屬官均有長史。西漢前的前、后、左、右將軍皆有長史，邊郡太守也有長史。歷代幕府亦有長史。職責各有不同。

盧江長史　何武

注釋： 簡介見第九一頁。

附注： 盧江，地名。見第四二八頁。長史，官名。見第四四四頁。

河南太守丞　黄霸

注釋： 簡介見第七四頁。

附注： 河南，地名。西漢高帝二年改三川郡置，治所在雒陽縣（今河南洛陽市東北）。王莽改爲保忠信郡。東漢改爲河南尹。太守，官名。見第三七一頁。

河南均輸長 黄霸

注釋：簡介見第七四頁。

附注：河南，地名。見第三七六頁。均輸長，官名。

敦煌漁澤障候　唐林

注釋： 唐林，字子高，沛人，以明經謹行、博通舊聞顯名於世。哀帝時，爲尚書僕射。因直諫，左遷敦煌魚澤障侯。王莽時，爲太子置四友，他被列爲四友之一胥附，秩上卿，並封爲建德侯，位比特進，見禮如三公。

附注： 敦煌，地名。見第四一七頁。

上郡庫令　劉良

注釋：劉良，漢成帝建始元年（前三二年）封故河間王弟，上郡庫令劉良爲河間惠王。劉良學習獻王的行爲，母太后薨，守喪如禮。在位二十七年卒。

附注：上郡，地名。見第三九五頁。

安定太守之印　孫會宗

注釋： 孫會宗，西河人。宣帝時任安定太守。與平通侯楊惲素爲友。楊惲廢爵家居，治產業，以財自娛，他曾去信諫戒，稱大臣廢退當闔門惶懼。五鳳四年，因楊惲案被罷官。

附注： 安定，地名。西漢武帝元鼎三年置，治所在高平縣（今寧夏固體安縣）。東漢移治臨涇縣（今甘肅涇川縣北涇河北岸）。太守，官名。見第三七一頁。

京兆都尉章　甄豐

注釋：甄豐（?－前一〇年）西漢末新莽時官吏。字長伯。成帝時歷任京兆都尉、水衡都尉、泗水相。哀帝時任左曹中郎將、光祿勳、右將軍。平帝即位，以迎立之功被封爲廣陽侯，又任少府左將軍、大司空。王莽代漢後，拜爲更始將軍，封廣新公。

附注：京兆，地名。西漢武帝太初元年（前一〇四年）置，治所在長安縣（今陝西西安市西北）。都尉，官名。戰國時始置。比將軍略低的武官。漢景帝時改郡尉爲都尉，掌握一郡之軍事。武帝時在各要地置關都尉、農都尉、屬國都尉等。

河南都尉章　田廣明

注釋：簡介見第一二六頁。

附注：河南，地名。見第三七六頁。都尉，官名。見第四五一頁。

河內都尉　陳遵

注釋：簡介見第三三一頁。

附注：河內，地名。見第三七一頁。都尉，官名。見第四五一頁。

弘農都尉　尹翁歸

注釋： 尹翁歸，字子兄，河東平陽人。初爲獄吏，通曉法律，喜擊劍。調任平陽市吏。昭帝元鳳年間，酷吏田延年爲河東太守，用爲卒吏。不久升任督郵。後曆官都内令、弘農都尉、東海太守。宣帝元康元年（前六五年），召拜爲右扶風。在任四年卒，死後家無餘財。

附注： 弘農，地名。見第四一五頁。都尉，官名。見第四五一頁。

河東都尉　趙護

注釋： 簡介見第三八三頁。

附注： 河東，地名。見第三八六頁。都尉，官名。見第四五一頁。

淮陽都尉章　尹齊

注釋：尹齊，東郡茌平人。初爲刀筆吏，後遷爲御史。武帝使他督捕盜賊，斬罰不避權貴。遷關都尉，元鼎三年（前一一四年）拜爲中尉，不久被罷免。後復起用爲淮陽都尉。病卒，家財不足五十金。

附注：淮陽，地名。見第三七二頁。都尉，官名。見第四五一頁。

廣平都尉之印　王温舒

注釋： 王温舒（?-前一〇四年）陽陵人。少時曾以盗墓爲生。初為亭長，後爲廷尉張湯屬吏，得湯提拔，任御史，遷廣平都尉，又遷河内太守。武帝元狩四年（前一一九年）召爲中尉。後歷任廷尉、少府、右内史。元鼎六年（前一一一年），平定東越王餘善反漢事。太初元年（前一〇四年）因罪被捕下獄，遂自殺。

附注： 廣平，地名。西漢景帝中元元年（前一四九年）分邯鄲郡置，治所在廣平縣（今河北鷄澤縣東南）征和二年（前九一年）改爲平干國，宣帝五鳳二年（前五六年）復名廣平國。王莽改名富昌國。都尉，官名。見第四五一頁。

濟南都尉　甯成

注釋：甯成，南陽禾襄人。初以郎謁者事景帝，稍遷至濟南都尉。景帝中元六年，因長安宗室多犯法，皇帝拜爲中尉。武帝建元元年，徙爲內史，不久爲外戚詆毁入獄，他從獄中出逃歸家，租田給貧民，致產數千萬，爲任俠，威重當地。

附注：濟南，地名。見第三九二頁。都尉，官名。見第四五一頁。

隴西都尉 爰盎

注釋： 爰盎（?-前一四七年）字絲，楚人，後居安陵。文帝時任中郎將，時淮南王劉長驕恣不法，他奏請削其地，文帝不聽。六年淮南王以罪遷蜀，他劍請勿遷，不聽。後淮南王死于途中，文帝悔之，他由此名重朝廷，後調隴西都尉，曆仕齊相、吳相，並得吳王厚遇。景帝即位，被貶爲庶人。

附注： 隴西，地名。見第三七四頁。都尉，官名。見第四五一頁。

東海都尉章　甯乘

注釋：甯乘，西漢官吏，武帝時曾任東海都尉，與大將軍衛青友善。

附注：東海，地名。見第三九一頁。都尉，官名。見第四五一頁。

北地都尉章　孫卬

注釋：孫卬（?-前一六六年）西漢官吏。文帝時任北地都尉。漢文帝前元十四年，匈奴老上單于率騎兵十四萬入侵北地，他堅守朝哪賽，力戰陣亡。文帝爲表彰他的功績，封其子孫單爲缾侯。

附注：北地，地名。見第三九四頁。都尉，官名。見第四五一頁。

汝南都尉

注釋： 據成帝記第十：鴻嘉三年（前十六年）十二月，山陽鐵官徒蘇令等二百二十八人攻殺長史，盜庫兵，自稱將軍，經歷郡國十九，殺東郡太守，汝南都尉。

附注： 汝南，地名。見第三八二頁。都尉，官名。見第四五一頁。

潁川都尉章　右師譚

注釋： 右師譚，西漢時中郎將。姓右師，名譚。哀帝時擢升爲潁川都尉，賜爵關內侯。後因與方陽侯寵等『造作奸謀，罪及王者骨肉』，被免職削爵，徙舍浦郡。

附注： 潁川，地名。見第三七五頁。都尉，官名。見第四五一頁。

上谷都尉印章　杜緩

注釋： 杜緩（？–前三四年）南陽杜衍人。少爲郎。宣帝本始中，以校尉從蒲類將軍趙充國擊匈奴，還任諫大夫。歷任上穀都尉、雁門太守。甘露二年，嗣父爵爲建平侯。次年任太常，治諸帝陵縣，在職七年，被免官。元帝永光中，西羌反，曾上書獻錢穀以助軍用，前後捐數百萬。在侯位十九年卒。謚孝。

附注： 上都，地名。見第三九三頁。都尉，官名。見第四五一頁。

東郡都尉章　吾丘壽王

注釋： 吾丘壽王，字子贛，趙人。年少以善奕博召待詔，奉命從董仲舒受《春秋》，高材通明。遷侍中中郎，坐法免。上書願擊匈奴，對策善，復爲郎。稍遷爲東郡都尉，後徵爲太中大夫、光禄大夫侍中。武帝建元三年，曾奉命擴大上林苑。後坐事被誅殺。著有《吾丘壽王》及府十五篇。

附注： 東郡，地名。見第三七九頁。都尉，官名。見第四五一頁。

上黨都尉章　杜業

注釋： 杜業（？—一年）字君都，南陽杜衍人。元帝竟寧元年嗣父爵爲建平侯。成帝鴻嘉元年（前二〇年）任太常，在職三年貶爲上黨都尉。平帝元始元年卒，謚荒。

附注： 上黨，地名。見第四〇四頁。都尉，官名。見第四五一頁。

大河都尉　韋玄成

注釋：韋玄成（?-前三六年）字少翁，魯國鄒人。少好學，明於《詩》、《論語》。扶陽侯韋賢之子。賢死，不得已嗣位。宣帝高其節，以爲河南太守。因坐騎至廟，不敬，降爵爲關內侯。元帝即位，遷太子太傅、御史大夫。永光二年，代于定國爲丞相，復封爲扶陽侯，建昭三年（前三六年）卒，謚共。

附注：大河，地區名。古『四瀆之一』。又稱河水。其範圍本爲濟東國，後國除，爲大河郡，治所在今山東東平縣西北。北齊時廢。都尉，官名。見第四五一頁。

泰山都尉

韋弘

注釋：韋弘，魯國鄒人，扶陽節侯韋賢之次子。初爲太常丞，因賢之長子早亡，他本應嗣父爲侯，卻因職奉宗廟，典諸陵邑，其弟韋玄成嗣父爵爲侯。宣帝時，被認爲泰山都尉，遷東海太守。

附注：泰山，地名。見第四一〇頁。都尉，官名。見第四五一頁。

太原都尉　蕭由

注釋： 簡介見第三三七頁。

附注： 太原，地名。見第四〇九頁。都尉，官名。見第四五一頁。

清河都尉章　馮逡

注釋：簡介見第二二一頁。

附注：清河，地名。見第四二七頁。都尉，官名。見第四五一頁。

南陽都尉之印　翟義

注釋： 翟義，一作誼。字文仲，汝南上蔡人。翟方進之子。年二十任南陽都尉，後歷任弘農、河內、東郡太守。平帝死，王莽居攝，他即聯結東郡都尉劉宇、嚴鄉侯劉信及其弟武平侯翟璜等舉兵討莽，並立劉信爲皇帝，自號大司馬柱天大將軍，結眾達十餘萬。後爲王莽軍擊敗被殺，滅三族。

附注： 南陽，地名。見第三八四頁。都尉，官名。見第四五一頁。

豫章都尉

毋將勇

注釋： 毋將勇，西漢學者，蘭陵人。嘗從高相學《易》。西漢末，官至豫章都尉。

附注： 豫章，地名。見第四〇五頁。都尉，官名。見第四五一頁。

九江都尉章　陳遵

注釋： 簡介見第三二一頁。

附注： 九江，地名。見第四一一頁。都尉，官名。見第四五一頁。

沛郡都尉　毋將隆

注釋： 毋將隆，字君房，東海蘭陵人。由大司馬王音奏選爲從事中郎，遷諫大夫。成帝末遷冀州牧、穎川太守。哀帝即位，於建平三年，以高第入爲京兆尹，次年升執金吾。因敢於直諫，致哀帝不悅，被貶官沛郡都尉，後遷南郡太守。哀帝卒，王莽秉政，免官。

附注： 沛郡，地名。見第三八五頁。都尉，官名。見第四五一頁。

雁門都尉　伊嘉

注釋： 伊嘉，西漢官吏。石顯的親信。曾爲御史中丞，石顯敗，左遷爲雁門都尉。

附注： 雁門，地名。見第三七三頁。都尉，官名。見第四五一頁。

代郡都尉章　朱央

注釋： 朱央（？-前一二六年）武帝時爲代郡都尉。元朔三年（前一二六年），匈奴萬騎攻入代郡，被殺，部衆千餘人被掠去。

附注： 代郡，地名。見第三九六頁。都尉，官名。見第四五一頁。

遼東東郡都尉　涉何

注釋： 涉何（?－前一〇九年）武帝時，朝鮮王韋滿孫右渠招誘漢亡人，且阻擋真番郡旁各國遣使入漢，武帝因於元封二年，涉何責讓曉諭右渠，右渠不奉詔，臨鴨綠江指使人刺殺送他的朝鮮裨王，被武帝任爲遼東東郡都尉。右渠怨之後發兵攻殺。

附注： 遼東。地名。戰國燕置，在遼東國，即遼寧遼陽老城區。都尉，官名。見第四五一頁。

樂浪都尉丞　薛宣

注釋： 簡介見第六八頁。

附注： 樂浪，郡地名。西漢武帝元封三年置，治所在朝鮮縣（今朝鮮平壤市大同江南岸土城洞。一説即今平壤市）。王莽改名樂鮮郡，東漢復爲樂浪郡。都尉，官名。見第四五一頁。

函谷關都尉印　杜業

注釋：簡介見四六六頁。

附注：函谷，地名。有二說：一說在今河南靈寶縣東北王垛村。戰國秦置。秦末劉邦入咸陽，出兵函谷關，項羽至，不得入。一說在今河南新安縣東北。西漢武帝元鼎三年置。東漢靈帝置八關都尉以備黄巾起義軍。都尉，官名。見第四五一頁。

上河農都尉印　馮參

注釋： 簡介見第一六一頁。

附注： 上河，地名。一作富平上河，即今寧夏吴忠市境黄河河段。農都尉，官名。漢武帝時始置於邊郡。東漢沿置。主屯田殖谷，兼受大司農及本郡太守節制。見第四五一頁。

護漕都尉　朱博

注釋：簡介見第六九頁。

附注：護漕都尉，官名。都尉屬官。

西河屬國都尉　王邑

注釋： 王邑（？—二三年）　東平陵人。哀帝建平元年（前六年），詔封爲成都侯，任侍中。平帝時遷光祿勳。王莽居攝二年，東郡太守翟義起兵反莽，他任虎牙將軍，統八將軍之軍鎮壓。王莽代漢，於始建國元年（公元九年）封隆新公，西河屬國都尉，拜大司空，位列三公。

附注： 西河，西漢地名。一説在今陝西韓城市或山西汾陽縣境。一説在今河南安陽縣境。屬國都尉，官名。從漢武帝始，對降附或内屬的少數民族設屬國處之。每屬國置都尉一人，低於將軍的最高武職長官，并兼理民事。元狩二年（前一二一年）置五屬國。

五原屬國都尉　馮立

注釋：馮立，字聖卿。漢將馮奉世之子。幼通《春秋》，初以父功爲郎，稍遷諸曹。元帝末，以外戚爲五原屬國都尉。後歷任五原等五郡太守。爲官清正廉明，與其兄馮野王齊名，深受吏民稱頌。

附注：五原，地名。見第三八八頁。屬國都尉，官名。見第四八二頁。

天水屬國都尉印　張放

注釋： 張放（？-前七年）杜陵人。成帝建始元年嗣父爵爲富平侯。以母爲元帝妹敬武公主而得寵于成帝，任侍中中郎將，監平樂屯兵，置幕府，儀比將軍。娶皇后弟平思侯許嘉之女，後因寵而驕横，數爲大臣奏劾，成帝不得已，貶爲北地都尉。僅數月，又召爲侍中。復爲王太后之迫，再外放爲天水屬國都尉、河東都尉。綏和二年（前七年），又征爲侍中光祿大夫。成帝卒，哭泣而死。謚思。

附注： 天水，地名。見第四三四頁。屬國都尉，官名。見第四八二頁。

安定屬國都尉　劉歆

注釋：簡介見第一七二頁。

附注：安定，地名。見第四五〇頁。屬國都尉，官名。見第四八二頁。

鄭令之印　尹賞

注釋： 簡介見第二八四頁。

附注： 鄭（縣），地名。源於西周宣王弟鄭桓公封國，初都（鄭縣）於今陝西華縣，西周末東遷。鄭武公時都新鄭（今河南新鄭縣）公元前三七五年爲韓所滅。

钜野令印　史成

注釋：史成，西漢官吏。武帝時曾任钜野令。元封四年，奉詔征詣公車，山陽太守、平津侯公孫度有意扣留他不遣，度因此被免侯，罰作城旦。

附注：钜野令印（一作巨野），地名。西漢置，治所在今山東巨野縣東北。

渭城邑令　胡建

注釋：簡介見第一四六頁。

附注：渭城，地名。西漢武帝元鼎三年（前一一四年）置，治所在今陝西咸陽市東北二十二里聶家溝。王莽改名京城縣。

成皋令印　卜式

注釋： 簡介見第二九三頁。

附注： 成皋，地名。西漢置，治所在今河南滎陽縣西北汜水鎮。

長安令印　楊興

注釋： 楊興，字君蘭，元帝時爲長安令。成帝即位後爲諫大夫。鴻嘉元年（前二〇年），匈奴雕陶莫皋死，當時他爲中郎將，奉使往吊，後官至部刺史。

附注： 長安，地名。西漢高帝五年（前二〇二年）置，治所在今陝西西安市西北。

臨邛令印　王吉

注釋： 簡介見第二六九頁。

附注： 臨邛，地名。秦置，治所即今四川邛峽縣。王莽改名監邛縣。東漢復爲邛縣。

杜陵令印　朱雲

注釋： 朱雲，字遊，魯人。後遷平陵。少好勇力，年四十，從博士白子友受《易》又從蕭望之受《論語》，當世稱之。元帝時，少府充宗作《梁丘易》，諸儒未能辯難，唯他辯析之，由是爲博士。後遷杜陵令、槐裏令。因與御史中丞陳鹹結交，得罪中書令石顯、丞相韋玄成而下獄，減死爲城旦，此後不復任，居鄂教授門徒，年七十餘卒。

附注： 杜陵，地名。西漢宣帝元康元年以杜縣改名。治所在今陝西長安縣東北。王莽改名鐃安縣。東漢復爲杜陵縣。

滎陽令印 汲黯

注釋： 簡介見第二九四頁。

附注： 滎陽，地名。秦置，治所在今河南滎陽东北。

緱氏令印　卜式

注釋：簡介見第二九三頁。

附注：緱氏，地名。秦置，治所即今河南偃師縣東南緱氏鎮。王莽改名中亭縣。東漢復爲緱氏鎮。

被陽邑令　王訢

注釋：簡介見第四四頁。

附注：被陽（侯國），西漢置，治所即今山東高青縣東南。東漢廢。

槐里令印　張猛

注釋： 簡介見第一七八頁。

附注： 槐里，地名。漢高祖六年（前二〇一年）以廢丘縣改名，治所在今陝西興平縣東南南佐村。王莽改名槐治縣。東漢復爲槐里縣。

河南令印章　貢禹

注釋：簡介見第三六六頁。

附注：河南，地名。西漢置，治所在今河南洛陽市西郊澗水東岸。

小黄邑令之印　焦延壽

注釋： 焦延壽，西漢儒生。字贛。少貧賤，以好學得梁王敬重，並受資助治學。元帝初，京房曾從其受學治《易》。既成，焦延壽爲郡史，察舉補小黄邑令。

附注： 小黄邑，地名。西漢置，治所在今河南開封市東。

雲陽令章　王吉

注釋：簡介見第二六九頁。

附注：雲陽，地名。西漢置，治所在今陝西淳化縣西北。東漢末廢。另一説即今江蘇丹陽市。

重泉令印　龔勝

注釋：簡介見第四二一頁。

附注：泉重，地名。西漢置，治所在今陝西蒲城縣南重泉村。王莽改名調泉縣。東漢復爲重泉縣。

茂陵令印　魏相

注釋：簡介見第五九頁。

附注：茂陵，地名。西漢武帝建元二年（前一三九年）置。治所在今陝西興平縣東北。王莽改名宣城縣。東漢復爲茂陵縣。

陽翟邑令　趙廣漢

注釋： 趙廣漢（?-前六七年）字子都，涿郡蠡吾人。少時爲郡吏、州從事，才識敏捷。經地方推薦，任陽翟令，遷京輔都尉，守京兆尹。昭帝卒，因擁立宣帝功，封關内侯，遷穎州太守。本始二年（前七二年），從蒲類將軍趙充國擊匈奴。地節三年（前六七年），因冒犯丞相魏相被腰斬。

附注： 陽翟，地名。秦置，治所在今河南禹州市。王莽改名穎縣。東漢復爲陽翟縣。

虢邑令印 王尊

注釋： 簡介見第一五〇頁。

附注： 虢邑，地名。一說春秋秦置，即今陝西寶鷄縣治虢鎮。東漢廢。一說在今河北任丘市西北，春秋燕地。

美陽令印 王尊

注釋：簡介見第一五〇頁。

附注：美陽，地名。戰國秦孝公置。治所在今陝西武功縣（普集鎮）西北武功鎮西。

郿邑令印　王尊

注釋： 簡介見第一五〇頁。

附注： 郿邑，地名。一說西漢置。治所在今陝西眉縣東渭河北岸。一說在今山東梁山縣西北春秋魯地。

高陵令印　王尊

注釋：簡介見第一五〇頁。

附注：高陵，地名。一說戰國秦置。治所在今陝西高陵縣西南。一說戰國魏地，在今河南舞陽縣北。

好畤邑令　蕭鹹

注釋： 蕭鹹，字仲，蕭望之之子。曆丞相史，好畤邑令、淮陽內史、泗水內史、張掖太守、弘農太守、河東太守，後免官。復起爲越騎校尉、護軍都尉、中郎將，出使匈奴，官至大司農。

附注： 好畤，地名。秦置。治所在今陝西乾縣東五里好畤村。漢元年（前二〇六年）劉邦敗章邯於此。王莽改名好邑縣。東漢廢。

定陶令之印章　蕭由

注釋：簡介見第三三七頁。

附注：定陶，地名。秦置。治所在今山東定陶縣。

池陽令印

附注：池陽，漢惠帝四年（前一九一年）置，應劭曰，『在池水之陽，』後魏廢，故城在今陝西涇陽縣西北，漢建池陽宮於此。

姑幕令印

注釋：姑幕，漢置，南朝宋廢，故城在今山東諸城縣西南五十里，後魏復置，北齊省。《水經注》：『浯水經姑幕故城東』，蓋後魏移治也。

附注：姑幕，地名。王莽改名季睦縣。東漢復爲姑幕縣。

宛邑令印　劉立

注釋： 劉立，西漢成帝時的官吏。曾任宛令。丞相翟方進次子翟義爲南陽都尉，行視屬縣，他自恃與曲陽侯通婚，輕義年少，不以爲禮，翟義乃以他賊殺無辜之罪，將其下獄，後得曲陽侯相救出獄。王莽居攝二年，翟義起兵反莽，他爲報私怨，上書願備軍討義，王莽擢升其陳留太守，封明德侯。

附注： 宛邑，地名。秦昭王置。治所在今河南南陽市。王莽改名南陽縣。東漢復爲宛邑縣。

長陵令印　義縱

注釋： 義縱（？—前一一六年）　西漢武帝時酷吏。河東人，其姊義姁以醫術受寵于武帝母王太后，經太后薦拜中郎。後補上黨郡某縣令，遷長陵令、長安令，捕案太后外孫、修成軍之子，遷河内都尉，又遷南陽太守，收捕暴吏甯成，復爲定襄太守、右内史。元鼎元年（前一一六年），因以告緡爲亂民而捕告緡使者事棄市。

附注： 長陵，地名。西漢高帝十二年（前一九五年）置。治所在今陝西咸陽市東北。王莽改名長平縣。東漢復爲長陵縣。

栒邑令印章　平當

注釋： 簡介見第二四六頁。

附注： 栒邑，地名。秦置。治所在今陝西旬邑縣東北。西漢高帝八年（前一九九年）改爲栒侯國，景帝中元二年（前一四八年）復爲栒邑縣。

盧奴令印　郭欽

注釋： 郭欽，西漢官吏。右扶風隃麋人。哀帝時任丞相司直，曾奏免豫州牧鮑宣、京兆尹薛修等。後奏劾哀帝寵臣董賢，遭貶爲盧奴令。平帝時遷南郡太守，爲官清正廉直。王莽代漢，他去官隱。

附注： 盧奴，地名。西漢置。治所即今河北定州市。

襄賁令印　劉輔

注釋： 劉輔，西漢官吏、宗室，爲河間獻王劉德後裔。舉孝廉，爲襄賁令。上書言得失，成帝美奇材，召拜爲諫大夫。成帝立趙飛燕爲皇后，他曾直言相諫，被收捕入獄，經左將軍辛慶忌、光祿勳師丹等上書援救，免死，罰爲鬼薪，終身不復起用。

附注： 襄賁，地名。秦置。治所在今山東蒼山縣東南。王莽改名章信縣。東漢復爲襄賁縣。

櫟陽令 馮野王

注釋： 簡介見第四二五頁。

附注： 櫟陽，地名。戰國秦置。治所在今陝西臨潼縣東北武屯鎮附近古城村南。孝公徙都於此。王莽改爲師亭縣。

夏陽令印章　馮野王

注釋：簡介見第四二五頁。

附注：夏陽，地名。戰國以少梁邑改置，治所在今陝西韓城市南。王莽改名冀亭縣。東漢復名夏陽縣。西魏廢。

宛句邑令　薛宣

注釋： 簡介見第六六頁。

附注： 宛句，地名。西漢置。治所即今山東曹縣西北。

頻陽令印　薛恭

注釋： 薛恭，西漢官吏，平陵人。成帝時任頻陽縣令，因無治民經驗，縣中多盜賊。後朝廷將他與僻山小縣粟邑縣令對調，兩縣皆治。

附注： 頻陽，地名。戰國秦置。治所在今陝西富平縣東北美原鎮西南。

粟令之印　尹賞

注釋：　簡介見第二八四頁。

附注：　粟（邑縣），地名。西漢置，治所在今陝西白水縣西北。王莽改名粟城縣。東漢復原名。西晋後廢。

臨淄邑令　薛修

注釋：薛修，東海郯人。經成帝、哀帝、平帝三朝，歷任臨淄邑令、郡守、京兆尹、少府之職。善交際，得州裹之稱。

附注：臨淄，地名。秦置。治所在今山東淄博市东北临淄镇北。王莽改名齊陵縣。東漢復爲临淄县。北齐废。

彭城令印　薛惠

注釋： 薛惠，西漢官吏。東海郯人，高陽侯薛宣之子。初爲彭城令，向宣請教，宣曰：『吏道以法爲師，可問而知。及能與不能，自有資材，何可學也？』後官至二千石。

附注： 彭城，地名。秦置。治所即今江蘇徐州市。

平陵令印　朱博

注釋： 簡介見第六九頁。

附注： 平陵，地名。西漢昭帝時置，治所在今陝西咸陽市西北。王莽改名廣利縣。東漢復爲平陵縣。

斄令之印　翟方进

注釋： 簡介見第七〇頁。

附注： 斄令，地名。秦孝公置，治所在今陝西扶風縣東南。東漢明帝永平八年（公元六五年）廢，移武功縣治地。

鄠邑令印　何武

注釋： 簡介見第七一頁。

附注： 鄠邑（縣），地名。夏之扈國。秦置，鄠邑，漢改鄠。治所在今陝西户縣北。

盩厔令印　尹逢

注釋： 尹逢，西漢官吏。哀帝時曾任盩厔令，以能名。蘇令作亂，朝廷無大夫可派，遂召拜他爲諫大夫，奉詔查辦。

附注： 盩厔，地名。西漢置，治所在今陝西周至縣東終南鎮。東漢廢。

單父令印　費直

注釋：費直，西漢儒生，字長翁，東萊人。以治《易》爲郎，後遷單父令。長於卦筮。

附注：單父，地名。秦置，治所在今山東單縣南。王莽改爲利父縣。東漢改爲單父侯國，後復爲縣。北齊廢。

阿武邑令　解延年

注釋：解延年，西漢官吏，治《詩》，爲貫長卿之弟子。官阿武令，宣帝黄龍元年（前四九年），遷廷尉。

附注：阿武（邑），地名。一説在今河北安新縣西，戰國燕地。一説即今山東陽穀縣東北阿城鎮。

蕩陰令印　貫長卿

注釋：貫長卿，西漢儒生。趙人。曾從毛公受《詩經》，又傳授解延年。官至蕩陰令。

附注：蕩陰，地名。西漢置。治所在今河南湯陰縣。東魏天平初廢。

城父令印　公孫勇

注釋： 公孫勇（?-前九一年）西漢武帝時官吏。淮陽人。曾任城父縣令。征和二年（前九一年），因謀反，被捕殺。

附注： 城父，地名。西漢置。治所在今安徽亳州市東南城父集。

谷口令印章　原涉

注釋： 原涉（?-約二三年）字巨先。茂陵人。父為南陽太守，季父爲茂陵秦氏所殺，他自劾去官，以圖報仇。王莽時，爲中郎，守復土校尉，後免官。新莽末，拜爲鎮戎大尹、天水太守。

附注： 谷口，地名。西漢置。治所在今陝西禮泉縣東北涇河畔。王莽改名谷喙縣。

長子令印　班回

注釋：班回，西漢官吏。班固的祖先班壹曾孫，班生之子。扶風安陵人。曾以茂才爲長子令。

附注：長子，地名。秦置。治所在今山西長子縣西南。

千乘令之章　劉慶忌

注釋： 劉慶忌，西漢官吏。成帝時任千乘令。鴻嘉元年遷宗正。旋因坐平都公主殺子案貶爲遼東太守。

附注： 千乘，地名。見第四三六頁。

不其令印　陳立

注釋：簡介見第四三九頁。

附注：不其，地名。西漢置。治所在今山東即墨市西南。北齊廢。

番陽令印　唐蒙

注釋：唐蒙，西漢官吏。初爲番陽令。武帝時，上書建議開通夜浪道，被任爲中郎將，奉命出使夜郎，以厚禮說服夜郎侯多同歸漢，漢在其地設置犍爲郎。

附注：番陽，地名。秦置。治所在今江西波陽縣東北。西漢改爲鄱陽县。

洛陽武庫令印 田順

注釋： 簡介見第一二八頁。

附注： 洛陽，地名。秦置。治所在今河南洛陽市東北。王莽改名義陽縣。（公元一九五五年廢）。

南緣長印　蕭喜

注釋：蕭喜（?-前一四年）西漢諸侯。沛縣人。蕭何六世孫。曾任南緣長。成帝永始元年，鄭侯蕭獲有罪免侯，他得詔封爲鄭侯。在位三年卒，謚釐。

附注：南緣，地名。西漢置。治所在今河北巨鹿縣北。王莽改名富平縣。東漢復爲南緣縣。

又注：從秦始，萬户上下分別設置縣令和縣長制度。萬户爲令、秩千石至六百石，減萬户爲長、秩五百石至三百石。令大於長。

順陽長印　平當

注釋：簡介見第二四六頁。

附注：順陽，地名。東漢改博山縣置，治所在今河南淅川縣南。

樓煩長印　尹賞

注釋： 簡介見第二八四頁。

附注： 樓煩，地名。秦置，治所在今山西寧武縣附近。

諸邑長印　孫伉

注釋： 孫伉，東漢官吏。潁川鄢陵人。平帝時大司農孫寶之孫。東漢建武中，光武帝劉秀錄用舊德臣之後，他得任爲諸縣長。

附注： 諸邑，地名。西漢置，治所在今山東諸城市西南。王莽改名諸并縣。東漢復爲諸縣。

當陽邑长　馮野王

注釋：簡介見第四二五頁。

附注：當陽，地名。西漢置，治所在今湖北荆門市西南。

武安长印　馮奉世

注釋： 馮奉世（?-前三九年）字子明，上黨潞（今山西黎城西南）人。武帝末，以良家子選爲郎。昭帝時，補武安長。年三十餘失官，乃學《春秋》，習兵法，經前將軍韓增奏薦，任軍司空令。宣帝時，曾出使大宛，以功升任光祿大夫、水衡都尉。元帝即位，爲執金吾。永光二年（前四二年）破西羌，更爲左將軍、光祿勳，賜爵關內侯。

附注： 武安，地名。秦置。治所在今河北武安市西南。王莽改名桓安縣。東漢復爲武安縣。

穀陽邑長　召信臣

注釋： 簡介見第四三三頁。

附注： 穀陽，地名。西漢置，治所在今安徽固鎮縣西北。

連然邑長　陳立

注釋：簡介見第四三九頁。

附注：連然，地名。西漢置，治所即今雲南安寧縣。

不其邑丞之印　薛宣

注釋： 簡介見第六八頁。

附注： 不其，地名。西漢置，見第五三四頁。

安陵丞印　朱博

注釋：簡介見第六九頁。

附注：安陵，地名。一説西漢惠帝時置，治所在今陝西咸陽市東北。王莽改名嘉平縣。東漢復名安陵縣。一説西漢置，治所在今河北吴橋縣（桑國）東北。東漢廢。

南陵丞印章　王嘉

注釋： 王嘉（?-前二年）　字公仲，平陵人。初以明經射策甲科爲郎，因掌守殿門失職免。爲光祿勳於永屬吏，察舉爲南陵丞，再以廉舉爲長陵尉。成帝鴻嘉中，遷太中大夫。出爲九江、河南太守。元延三年（前一〇年）征入爲大鴻臚。元壽元年（前二年），因反對增哀帝嬖臣董賢封戶下獄，不食嘔血而亡。平帝元始四年（公元四年），追謚忠侯。

附注： 南陵，地名。西漢文帝七年置，治所在今陝西西安市東南。東漢廢。

華陰守丞　嘉

注釋： 嘉，漢元帝時，任華陰守丞。

附注： 華陰，地名。西漢高帝六年（前二〇一年）以寧秦邑改置，治所在今陝西華陰市東南。王莽改名華壇縣。東漢復名華陰縣。

束州丞印　鮑宣

注釋：簡介見第三二三頁。

附注：束州，地名。西漢置，治所在今河北大成縣西南。

長陵邑尉之印　王嘉

注釋：簡介見第七二頁。

附注：長陵，地名。西漢高帝十二年（前一九五年）置，治所在今陝西咸陽東北。王莽改名長平縣。東漢復爲長陵　。三國魏廢。

護軍中尉 陳平

注釋： 簡介見第六頁。

附注： 秦武官名，掌監統軍隊。漢因之。亦稱護軍都尉。哀帝元壽元年（前二年）更名司寇。平帝元始元年（公元一年）更名爲護軍。

監軍御史

附注： 監御史，秦朝官名，掌管對郡縣的監察。漢朝裁省，由丞相派遣官吏分別到各州，不常設。武帝元封五年開始設置部刺史，奉皇帝詔令報告各州情況。成帝綏和元年改叫牧。哀帝建平二年，恢復叫刺史，元壽二年又改爲牧。監軍御史負責監察軍隊之事。

騎都尉 靳歆

注釋：簡介見第一五頁。

附注：騎都尉，官名。漢統領騎兵的高級軍官。與奉車、附馬并稱爲三都尉。

美俗使者 嚴詡

注釋： 嚴詡，西漢陽陵人。哀帝時爲潁川太守，爲官以孝行爲本。後被王莽征爲美俗使者。

附注： 官名，漢末置，受命出使宣美風化。後世常因事而置使者，事畢即罷。

軍門都尉

附注：西漢軍官名，掌守軍營門禁的官員。

校秘書郎　楊閎

注釋：楊閎，西漢後期官吏。哀帝時稱校秘書郎，後以所謂參與東平王劉雲祝詛事，被董賢誣告，以謀反罪被處死。

附注：掌經籍圖書校閱的官吏。

官祿大夫　張福

注釋：張福，西漢官吏。河東平陽人。後徙茂陵。張敞之父。武帝時官至光祿大夫。

附注：文散官名，後改稱光祿大夫、無常事，僅備順問，應對詔命。（官祿即光祿）

講學祭酒　龔勝

注釋：簡介見第五〇〇頁。

附注：漢代有爲天子侍講之官，稱講郎。又凡宴飲時必推一年高望重的人，舉酒先祭，稱爲祭酒。

禮官大夫　徐生

注釋： 徐生，孝文帝時，以頌爲禮官大夫，傳子至孫延、襄。

附注： 漢代掌禮儀之官。

平原文學　匡衡

注釋：簡介見第六一頁。

附注：州郡、王府佐吏名。郡國置文字學掾史爲屬吏，省稱文學，掌學校，教授諸生。

鷹擊司馬　趙破奴

注釋： 趙破奴，太原人。曾逃亡匈奴，不久歸漢，任霍去病司馬。元狩二年，從霍去病北擊匈奴夫俘獲二王，以功封從驃侯。元鼎五年，免侯。元豐五年，以匈河將軍出擊樓蘭，複封爲浞野侯。太初二年，抗擊匈奴，兵敗被俘，居匈奴十年，天漢十年，逃歸漢，後受巫蠱禍牽連，被誅族。

附注： 鷹擊司馬，將軍屬官。比喻其人武通猶如鷹隼之狀。

輦郎　**劉向**

注釋：簡介見第一八六頁。

附注：光祿勳屬官，亦稱車郎。掌駕引御車。輦郎有左、右車郎，隸於左、右車將。

曲台署長

孟喜

注釋： 孟喜，字長卿，東海蘭陵人。孟卿之子。曾從田王孫受《易》。舉孝廉爲郎，任曲臺署長，病免。又復爲丞相掾。時博士缺，衆人薦他，宣帝聞其改師法，遂不得用。授儒生白光、翟牧，由是《易》有孟、白之學。

附注： 曲臺，秦漢宫殿名，此爲掌管曲臺事的官吏。